Романів Р.
співзасновник компанії
«Почати знову»

ОБЕРЕЖНО
ЦЯ КНИГА
МОЖЕ ЗРОБИТИ ВАС БАГАТИМ

2014 р.

ЗМІСТ

Вступ

Ви хочете стати успішним? Ви у пошуках нової інформації? Ви бажаєте невпинно вдосконалюватися завдяки різноманітній інформації сучасного світу? Якщо ваша відповідь «так», тоді саме тут Ви отримаєте корисну інформацію для самовдосконалення. Якщо ж «ні» - тоді це саме для Вас. Ми допоможемо Вам зрозуміти, які ще сходинки не були Вами пройдені для пошуку самого себе у цьому житті. Власний досвід і практичне використання випадків, які будуть описані нижче, дали нам хороші знання і все більше допомагають досягати успіху, і ми якнайшвидше поділимось цим досвідом із Вами.

Звісно, якщо Ви досягли найвищого рівня, володієте всім бездоганно, тоді це допоможе закріпити фундамент, який Ви створювали із самого початку. В цій книжці ми концентруємо всю увагу на розвитку багатьох людських факторів, що впливають на подальші рішення, а якщо це назвати одним словом, то це прогрес людини, адаптація до сучасних умов життя.

Скажу, що інформація, отримана як і з власного досвіду наших авторів, так і з досвіду тих успішних людей, за якими ми спостерігали, і які живуть і примножують доходи (навчання на чужих помилках – саме це дозволить отримати Вам досвід у чомусь певному, і при цьому ваш гаманець, нерви, тіло тощо не отримають жодних втрат) досить тривалий час. Ця книга дозволить Вам побачити узагальнені, а також неузагальнені правила успіху, які використовує людство в нашому XXI столітті, і, як не дивно, більшість людей цього не усвідомлюють, хоча використовують постійно.

Думки людей постійно змінюються, від цього, звісно, змінюється і світогляд. Сприйняття реальності, відчуття, як не дивно, також зазнають незначних змін. Ось тому ми з Вами поговоримо саме про те, як правильно формувати думки.

Всі ми мріємо про щось хороше, позитивне, і в більшості випадків ми ці мрії поєднуємо, все таки, з чимось нереальним. В подальшому ми з Вами розглянемо, чому це так. І як перетворити мрію в мотивацію мети, яка й принесе нам, в результаті, реалізацію нашої з Вами бажаної мрії. Так, звучить це дуже просто (назву, навіть, це глобальною теорією), та як не було б це банально і просто зробити, на перший погляд, копітка робота над собою має взяти гору, це ми також обговоримо на наступних сторінках цієї книги.

Скажіть, Ви задумувались над тим, чи всі думки, які виникають у Вас, Вам подобаються? Однозначно, що відповідь у кожного різна. А як же це працює насправді? Напишу все як є, думки також формуються з реалій, які ми спостерігаємо кожного дня, а також завдяки різним відчуттям, почутому (так спрацьовує в більшості людей, не спрацьовує лише в тих, хто не думає. Повірте, є й такі).

У Вас виникає запитання: «До чого це він веде?» Все дуже просто. Уявіть, скільки думок у нас виникає, і половина з них сприймаються нами як адекватні… Інші ми пробуємо ігнорувати, враховуючи принципи, мораль, також інші вбудовані в нас правила. Якщо думок у нас багато, то більшість ми просто відхиляємо, над частиною роздумаємо. І дуже рідко замислюємось, чому це саме так. Велика кількість успішних діячів, бізнес-тренерів, зірок говорять про це як про реальні речі і цілком серйозно. А ті, хто нехтує створенням свого майбутнього за допомогою своїх теперішніх думок, скаржаться на те, що майбутнє формується не так, як вони цього хочуть. Основна причина формування недовіри до цього на перший погляд здається дуже простою. Відомий багатьом людям фільм «Секрет» чітко пояснює всі деталі цього закону реалізації. Якщо так просто фільтрувати думки на вищому рівні, то чому ми не можемо оперативно контролювати їх і приймати рішення в нашому з Вами реальному житті? Розглянемо це питання згодом. ***Автор вдячний тим,*** *хто вирішив діяти і змінювати себе в бік нескінченно успішного розвитку завдяки придбанню саме цієї книжки! Як думаєте, скільки часу нам потрібно вчитись у житті? 5 років? 4 роки? Все життя? Правильна відповідь - все життя. Хто не згодний, той може далі не читати цю книжку.* Усі інші нехай зручно вмостяться, і продовжимо Ваше знайомство із фактами життєвого натхнення (тобто мотивації на успіх). Готові стати успішним? Справді? Тоді продовжуємо.

РОЗДІЛ 1

СПРИЙНЯТТЯ НОВОЇ СУЧАСНОЇ ІНФОРМАЦІЇ. ЧАС ІНФОРМАЦІЇ РОЗПОЧАВСЯ.

У вступі ми познайомились з Вами і отримали відповідь щодо самовдосконалення (звісно, ми її не чули, хоча телепатичні здібності ще ніхто не відміняв). Ось ми розмовляли про самовдосконалення, і цікаво знати, як Ви бачите самовдосконалення людини? Які саме зміни можна назвати самовдосконаленням, на Вашу думку? Опишіть це собі впродовж 1-ї хвилини. Ми зачекаємо…

Ну що ж? Відповіли собі? Чудово! Якщо у Вашу відповідь входило, що самовдосконалення - це вивчення інформації сучасного і майбутнього рівня, то тут не все так просто. У вступі звучало запитання про те, скільки часу потрібно навчатись людині та чому це потрібно робити постійно. Все дуже просто. Адже отримана інформація лише рік залишається актуальною і корисною; а щоб бути більш сучасним, гнучким у реальному світі, як думаєте, що потрібно? Так, правильно. Навчитись вдосконалюватись. Світ - це велика машина, яка генерує великий вихід інформації, а наш мозок - це потужна річ, яка адаптує нас разом із нашим тілом, звичками до сучасного світу дуже просто. Ви запитаєте, а чому багато людей, маючи мозок нічим не гіршим за інших, не можуть сприйняти інформацію, якою інші досконало володіють та розвивають її? А що ж вони роблять, маючи такий чудовий інструмент?

Уявімо, що мозок - це машина, в якій все працює за планом, а також присутні вмикачі певних процесів. Коли людина хоче про щось дізнатись, то що їй потрібно зробити? Так, знайти достовірну інформацію і прочитати її, почерпнути для себе. Вона включила пошук, а знайшовши, зберегла інформацію, і в подальшому вона її використовує, поки ця інформація ще дієва.. А як щодо людей, які не сприймають всі ноу-хау, відкриття нової інформації, просто не переключать себе на сприйняття цієї інформації? Так, це важко зробити (знайти, сконцентруватись і запам'ятати). Якщо розділити людей на дві частини: людей, які постійно самовдосконалюються, і які вважають, що це непотрібно, - то перші отримують вільне розуміння сучасності, а інші отримують ті ж реалії, але сприймають їх по колишньому самовдосконаленню. Висновок: вік інформації настав давно і потрібно просто взяти і перемикнути мозок на масове сприйняття інформації і відчути, як рухаєшся з потоком новітніх технологій і вдосконалень. Наприклад, у мене, як у всіх, є в житті хороші друзі - Юра і Роман. Двоє вони отримали освіту середню, а згодом - вищу. Юрко після завершення навчання вирішив, що це вже все... і більше не брався до вивчення чогось нового. А ось Роман, навпаки, усвідомивши, наскільки цінна інформація сьогодні, шукав шляхи, щоб отримати її якомога більше, і то найновішої. Хоча Юра старший за Романа, але у самовдосконаленні лідирує Роман. Чому? Ще раз кажу, що Юра залишився на рівні старого самовдосконалення і використовує стару інформацію, яка в сучасному світі існує, але в жодному разі не є прогресивною. Роман, поглинувши велику кількість того, що його цікавило, але в новому інформаційному стилі, просто випередив Юру, хоча за віком у них різниця приблизно 7 років.

Як вважаєте, є схожа ситуація серед Ваших друзів чи знайомих? Чому я про це запитав? Якщо статистика каже, що це має місце у великому відсотку випадків, отже - така ситуація може спостерігатись Вами у 80 %. Щодо моєї відповіді, то тут все просто: візьміть під контроль (звісно, особистий і візуальний) цих людей, і подивіться, кому з них легко пристосуватись до сучасності, а кому важко.

Отримання інформації - це чудово, і саме ще одним важливим фактором є засвоєння інформації. Про це ми поговоримо у наступному розділі.

РОЗДІЛ 2

ЗАСВОЄННЯ ІНФОРМАЦІЇ

Чи Ви замислювались, наскільки важливо мати все необхідне під руками, коли Ви щось ремонтуєте, готуєте чи робите те, для чого потрібні інструменти або ж приладдя? На що це впливатиме? Так, Ви маєте рацію: це вплине на час виконання Вами роботи.

Уявіть собі, що до Вас прийшов сантехнік ремонтувати якийсь об'єкт сантехніки і, не взявши інструментів, розпочав ремонт. Він дійде до певного моменту, де без інструмента не обійтись. Які, на Вашу думку, будуть наступні його дії? Він попросить у Вас інструмент, щоб зекономити час. Якщо інструмента не буде, тоді його дії прогнозовані: поїхати за інструментом. І ось він дзвонить у двері, в руках його необхідний інструмент, він приступив до роботи і працює, працює, і ось знову нова ситуація - потрібен ще один інструмент, і знову ситуація повторюється...

Висновок дуже простий: сантехнік все-таки завершив роботу, та чи швидко він це зробив? Те, наскільки у нього з собою є все, необхідне для праці, промовлятиме про його подальшу швидку роботу в цій галузі обслуговування. Я веду до того, що є в назві розділу: засвоєння інформації. Ви запитаєте, що саме приклад про сантехніка повинен донести нам про засвоєння інформації? Я, звісно, відповім.

Оскільки ми формуємо свою пам'ять і розвиваємо її самі, а мозок працює як фільтр інформації, розділяючи на короткострокову й довгострокову, тому вся необхідна для подальшого інформація, яка нами засвоюється, немов той інструмент сантехніка: якщо інформація стосується галузей, де Ви задіяні, то це допоможе Вам у майбутньому швидко рухатись вперед. Наведу приклад. Ви працюєте на роботі, або ж маєте власний бізнес тощо. Якщо Ви тим займаєтесь, то це означає, що Вас цікавить, як просунутись вперед, як, усе-ж, перегнати колег, як зацікавити більшу кількість клієнтів. Ось саме тоді Вам просто необхідні ці інструменти володіння сучасною інформацією, що змінюється з кожним днем, тижнем, місяцем і роком. Кожен раз щось нове й новіше…

Засвоєння інформації повинно відбуватися цілеспрямовано. Наприклад, Ви робітник компанії і прагнете кар'єрного росту. Перше, що потрібно зробити, - спостерігати, як працює Ваш шеф. Чому? Все просто: він на посаді, вищій за Вашу, і адаптований до неї - він все робить за звичкою. Чудово! Ви переглядаєте розпорядки, повноваження вашого шефа, вчитесь. Наступне: в компаніях завжди виникає багато ідей і відбувається багато нових змін, тому завжди поглинайте цю інформацію, бо в подальшому вона допоможе Вам у зростанні. Дайте, будь ласка, відповідь собі, чому це саме так.

Щодо завоювання нових клієнтів, які так необхідні бізнесменам, то тут все дуже схоже і все-таки дуже просто. Уявімо, що є бізнесмен, власник компанії, в котрій 300 працівників. Зазвичай є люди, які керують компанією, а в компанії є відділи по впровадженню нових ідей. Вони ці ідеї впроваджують, це їхня робота, а про що ж тоді думають бізнесмени, у своїй же компанії? Ті, котрі хочуть іти нога в ногу із сучасними новинками, повинні самостійно засвоювати інформацію - почуту, прочитану, побачену. Ви запитаєте, навіщо ж бізнесменові, за якого так добре думають наймані працівники, самому щось робити? Як приклад наведу розповідь відомого мотиватора Браяна Трейсі. На американському ринку за кількістю проданих телефонів була лідером компанія **BlackBerry.** Після чого на ринок почали просувати свої смартфони Apple і Samsung. У цей час, з розповіді Браяна, команія **BlackBerry** відкинула таку потребу, бо вважала, що й так у неї все чудово, і вона перша. Минув певний час, і відділ інновацій компанії, а власне акціонери **BlackBerry,** почали швидко приймати рішення. Ви запитаєте: «Навіщо?» Вони ж і так перші… А тому, що все почало швидко змінюватись, нові смартфони Apple і Samsung почали більше приваблювати користувачів своїми можливостями. Це говорить про те, що люди просто завжди хочуть чогось нового, цікавого. У результаті **BlackBerry** таки змушена була піти шляхом засвоєння нового і самовдосконалюватися, адаптуючись до нового. Вона пройшла й через спробу поглинання і випустила нові інтернет-сервіси на ринок. Це ще раз свідчить про те, що її втримала швидка реакція на ситуацію та швидке навчання. Тому бізнесмени - керівники компаній, спитайте себе, на скільки Ваша компанія міцно стоїть на старому фундаменті? Якщо відповідь «міцно», тоді терміново щось робіть, вводьте новинки, нові сервіси тощо. Моя компанія постійно потребує чогось нового, і я це добре розумію. Тому що я новатор, мені приємно вводити багато нового в діяльність нашої компанії, і це стосується не тільки клієнтів, бо я також впроваджую багато приємного для своїх працівників, які забезпечують безперервний виробничий процес. Багато хто скаже, що нове - це важко, нове - це багато інформації. Звісно, якщо Ви наголошуєте на цьому, то воно так і буде. А якщо Ви скажете: «Ось нове, це так класно, воно ще простіше й ефективніше, ніж старе». І знаєте що? А воно таким і буде, бо Ви так думаєте! Ось тому Ви самі керуєте ситуацією, навіть якщо Ви не займаєтесь виробничою діяльністю, а просто відпочиваєте, і у Вас є те, що Вам подобається робити. Удосконалюйтесь, це Вам знадобиться якщо не в роботі, то ще десь. Тоді швидше буде у Вас все добре виходити, і тоді буде більша продуктивність.

Отже, ким би Ви не були, завжди засвоюйте нове і використовуйте його. Пропускаючи нове, Ви робите крок назад, а потім доведеться наздоганяти вже не кроками, а бігом.

Багато хто скаже: «Я взагалі не помічаю нового». Тоді моє запитання може звучати досить незвично: «Чи добре Ви шукаєте?» Поговоріть з багатьма бізнесменами і бізнесвумен, і Ви зрозумієте, як чітко бачать вони щось нове, як повсякчас про нове говорять і створюють його, це нове. Якщо Ви не можете побачити нового у царині Вашої праці, бізнесу, найкраще буде запитати поради в тих, хто працює у цій галузі. Ви будете здивовані, скільки Вам всього опишуть. Рекомендую завжди консультуватись з тими, хто постійно самовдосконалюється і вдосконалює свою роботу. Чому? Та саме тому, що Ви отримаєте інформацію від людини, яка це перевірила на практиці. А що може бути краще перевіреної практики? Головне - вірити у те, що все просто, і Ви сприйматимете цю інформацію так просто і швидко, що будете приємно здивовані. Я Вас у цьому лише підтримаю!

РОЗДІЛ 3

КЛЮЧ ДО ШВИДКОГО ВИРІШЕННЯ ПИТАНЬ. І ДЛЯ ЦЬОГО НЕ ПОТРІБНО НОСИТИ РЮКЗАК, ПОВНИЙ СТАРИХ КЛЮЧІВ.

Підсумовуючи викладене в попередніх розділах, доходимо висновку, що самовдосконалення - це доволі загальне поняття, що має багато складових частин. І тому практично все повинно відбуватися в тому порядку, котрий ми розглянули вище. У житті кожного або ж були такі періоди, або ж тривають і досі і, звісно, будуть тривати, тому що всі рухаються вперед. Якщо Ви хочете все-таки йти в ногу з часом, відкиньте лінощі, котрі формуються у більшості свідомо, і просто почніть – цікавтесь, вивчайте - і побачите, що зміни не примусять Вас довго чекати.

Уявіть, що Ви маєте план дій і ретельно притримуєтеся його, а на Вашому шляху виникають різні ситуації, котрі потрібно вирішити для того, щоб усе ж таки досягти бажаного. А скажіть, щоб Ви робили, коли б на Вашому шляху виникла перешкода, і мета, яку Ви собі поставили, з кожним днем віддалялася? Дайте, будь ласка, собі відповідь.

Тепер поговоримо про більшість людей. А як вони вирішують такі справи? Припустімо, що перешкодою для досягнення мети є колодка (замок), всі з нею мали справу, сподіваюсь. Ось і Ви, підійшовши до цієї колодки, побачили, що потрібен ключ, і, звісно, у Вас в голові завжди є ідеї, що допомагають в таких ситуаціях. Назвемо ідеї ключами. І ось людина, котра іде, має зв'язку важких ключів, які завжди носить із собою, і кожен із них пробує дібрати, для того щоб відкрити цей замок. Як думаєте, що відчуває людина у цей час? Чому люди переважно на етапах спроб опускають руки? Відповідь проста: тримати дуже важку в'язку ключів і пробувати кожен ключ, який є у ній, це дуже важко. І, звісно, після енної невдалої спроби люди просто кажуть, що тут немає потрібного ключа, навіть не перевіривши всіх. Висновок: людина, котра має великий досвід добирання ключів, буде їх і далі добирати, не задумуючись про те, що є щось простіше й краще. Вам колись хтось казав, що ось це - нереально, а те - дуже важко? Я використовую досвід всіх багатих людей і успішних лідерів. А Ви говорили з людьми, які використовували свої ключі? Можливо, ці ключі іржаві, можливо, зламані, а можливо, людина і не завершила справу добору і відкинула їх, сказавши, що це не спрацьовує.

Ви запитаєте: «І що ж Ви нам порекомендуєте?» А все дуже просто. Як роблю особисто я і всі люди, які досягнули власного успіху своїм розумом і ризиком? Наш світ такий, що в ньому потрібна постійна адаптація, і тут постійно майже все змінюється; навіть коли люди говорять «буденна робота», вони все ж виконують дії не зовсім так, як вчора, чи позавчора, скажімо.. Як думаємо, так і маємо.

Як Ви думаєте, що простіше: постійно носити важкий рюкзак зі з'язкою старих ключів, чи ходити без рюкзака і, коли виникає потреба, генерувати саме той ключ, який потрібний нам сьогодні; і не накопичувати їх, а просто викинути й рухатися далі? Звісно, я також з Вами погоджуюсь, що це набагато простіше, на перший погляд. Скажіть, Ви колись розставалися зі старими речами дуже легко? Якщо так, тоді все ще краще, а якщо ні, то уявіть, як важко буде викинути весь тяжкий рюкзак минулого - з ключами до минулих справ - і почати рухатись набагато швидше і вирішувати справи, генеруючи ідею саме на місці. Ви скажете: «Ну, мені важко відкинути все. А що ж саме Ви мені порадите?» Я, звісно, наведу приклад.

Один мій друг зазнав декілька невдач на шляху до мети, яку він собі обрав. Він хотів заснувати торговельну мережу продуктів з-за закордону. Все було ніби чудово. Перші дні мотивація була на вищому рівні, він познайомився з досвідченим колегою, котрий займався схожим бізнесом, почав взнавати всю необхідну йому інформацію. Минав час: тиждень, місяць… Коли ми з ним зустрічались, я питав його: «Ну, як у тебе справи? Домовився про все?» Він відповідав, що зараз ще помаленьку. Звісно, підбадьоривши його, я повертався із зустрічі щасливим, що таким чином можу підтримати друга.

Знову час минав – тиждень, потім місяць, два... І ось наша наступна зустріч і, як на диво, з його уст не прозвучало жодного слова про започаткування бізнесу, тому я запитав: «Як просувається план реалізації бізнес-проекту?» Він почав скаржитись на багато факторів. Я, вислухавши його, зрозумів, що він використовував ті методи, які здобув на попередній роботі. А саме: звертався до людей, котрі мали б йому допомогти у відкритті власного бізнесу, і, не завершивши праці з ними, йшов до інших, і так впродовж тижня. Звісно, що завершити нічого він не міг, позаяк брав на себе багато справ зразу, як на роботі (після чого сказав, що так діло не піде, і всі, що працюють там, не досягають потрібного рівня компетентності). Він чудово знав, що на роботі він і так змушений працювати, і справи, які йому доручали, він залагодить рано чи пізно, тому розтягував їхнє виконання на якомога довший час. Після того він сказав, що йому потрібен транспорт. Ви, можливо погодитесь, що він потрібний. Поки я ще не висловив свою наступну думку, скажіть, як би Ви відреагували на проблему з транспортом?

Отже, він знову добирав старі ключі. Колись не було такої кількості перевізників, була досить велика оплата за кілометражі, а зараз ринок просто заповнений автомобілями, і конкуренція зменшує ціни з кожним днем. Вислухавши про всі ці його добирання ключів і узагальнивши, я зрозумів, що він отримав багато інформації в минулому, а сьогодні самовдосконалення і засвоєння нових технологій та розвиток різних галузей його просто не цікавили. Ось так і люди, які цього уникають, не вірять, що рішення у таких ситуаціях дуже прості. Спираючись на власний досвід, я дав йому деякі поради, склав із ним його план дій і проробив можливі ситуації, що можуть статися при розвитку бізнесу, і попросив використовувати лише нові ідеї та шукати виходи з ситуацій таким чином, щоб затратити якомога менше часу та використати його якнайприбутковіше. Іншими словами, я попросив його зняти рюкзак з важкими ключами і викинути його, а потім легко і впевнено рухатися відповідно до усіх етапів плану. Я знову побачив у його очах потенціал, побачив зовнішню мотивацію, котру він наче випромінював великими хвилями. Після чого ми з ним попрощались, побажали один одному всього найкращого і розійшлись. Знову минав час: тиждень, місяць, півроку. І ось ми знову зустрілись на території України. Як тільки ми зустрілись, я зразу почув від нього слова: «Дякую, друже». Я здивовано запитав, за що він мені дякує. Він каже, що вже налагодив бізнес, і то так, що здебільшого він контролює поставки товару машинами, які винайняв, а в інших сферах продажу люди працюють на нього. Я, звісно, був приємно здивований і похвалив його, бо півроку - період незначний, а успіхи досить хороші. Він сказав, що це завдяки тому, що він дотримувався плану і вивчав нову інформацію, використовував нові послуги, які пропонують інші бізнесмени, надав робочі місця людям і отримує їхню допомогу у своєму бізнесі. Тепер і Ви знаєте, що ж насамперед потрібно робити. Так, Ви маєте рацію: це просто – простувати до мети і поглинати нове для створення свого ключа, що відкриє ті двері, які вам зараз необхідні. Багато відомих людей пишуть про планування як цілеспрямованість, я їх повністю підтримую, і саме тому поговоримо про необхідність планування та його основи.

РОЗДІЛ 4

ПЛАНУВАННЯ

Коли Ви їдете відпочивати, Ви перед тим все собі розплановуєте: придбання квитів, поселення в готелі, пакування речей, чи не так? І це правильно, бо кому ж хочеться щось забути і потім під час відпочинку тим перейматись. Так, тут ніби все дуже просто - запланували відпустку, склали список необхідних нам справ і, дотримуючись плану, встигаємо на транспорт, вчасно прибуваємо до готелю, де вже заброньовували собі місця, і починаємо відпочивати. Як думаєте, якщо б Ви чітко не спланували виїзд, на скільки часу він міг перенестись, і чи взагалі він міг відбутись? Так, Ви маєте рацію: він міг взагалі не відбутись, і тоді чекали б Ви наступної слушної нагоди.

Ми ось з Вами дійшли висновку, що планування потребує зовсім мало часу, а наслідком його є те, що Ви доходите до мети і швидше виконуєте необхідне! Так чому ми звикли планувати лише деякі речі, чому ми не плануємо кожного дня свій час? А все дуже просто: люди вважають, що це втрата часу. Я повністю погоджуюсь, що кожна особа індивідуально саме на процес планування витрачає різний за тривалістю час. І це, як Ви знаєте, просто пояснити. Припустімо, ми прокидаємось зранку і складаємо розклад на весь день погодинно. Якщо ми будемо дотримуватися цього плану, то час, що ми витратили на складання плану (або розкладу), компенсується в потрійному розмірі (це як мінімум). Ви запитаєте: як це? Пояснюю.

Історія про літак без плану польоту.

Уявімо аеропорт, в якому велика кількість літаків, багато пасажирів, які постійно вирішують свої справи за допомогою швидких авіалайнерів; і є один літак, який постійно запізнюється, ніяк не долетить вчасно до пункту призначення, а всі інші прибувають з великою точністю.

Одного разу в диспетчерській два пілоти літака, що постійно не долітає вчасно до пункту, зазначеного в рейсі, зустрілись з пілотами найточнішого за часом прибуття в усі аеропорти авіалайнера. Між ними почався діалог. Пілоти літака, що весь час запізнювався, запитали успішних:

- Хлопці, скажіть, будь ласка, як це у Вас виходить прилітати в аеропорти без жодного запізнення?

- Так це все наша звичка.

- Звичка? Прилітати точно?

- Ні. Звичка повного планування польоту і передбачення можливих похибок.

- Тобто, Ви використовуєте цей план, який нам видають диспетчери? - Сміються.

- Так, ми його використовуємо постійно, і постійно додатково плануємо можливі похибки. А ми чули, що ви не використовували навіть наданий диспетчерами план польоту, це правда?

- Так Ви ж витрачаєте час на те, щоб все розписувати, то як Ви встигаєте всюди вчасно?

- Ми витрачаємо 1% часу на додаткове планування, а потім отримуємо швидше те, що нам потрібно. А ми чули, що ви не використовували навіть наданий диспетчерами план польоту, це правда?

- Так, це правда. І ми були переконані, що обійдемось без нього, і витрачали багато часу на пошук місць для приземлення, також на пошук точок на карті, коротких шляхів. Ми тепер зрозуміли на наочному прикладі, що планування - це невід'ємна частина нашої роботи.

Після цього пілоти розпрощались.

Минув деякий час, і пілоти зустрілись знову. Діалогу наводити не буду, лише скажу, що планування допомогло їм здобути доволі значний авторитет серед колег, а також повагу за пунктуальність серед своїх пасажирів. Отак проста і, на перший погляд, - витратна операція приносить нам винагороду у вигляді швидкого досягнення результату, коли є детально розроблений план.

Підводячи підсумки, нам з Вами потрібно подивитись на тих, хто, на Вашу думку, живе так, як би Ви хотіли жити у майбутньому. Беріть повністю з них приклад. Про таке розповідає у своїх книгах автор багатьох бестселерів Роберт Кіосакі. Він проводить досить цікавий експеримент, який допомагає людям. Я із задоволенням розкажу Вам, про що йдеться.

Роберт просить взяти аркуш паперу і записати імена всіх найближчих Вам людей на цей аркуш. Якщо Ви записали, продовжуємо далі; тепер біля кожного написаного Вами імені людини напишіть царину її діяльності на даний час. І наостанок напишіть їхні доходи – ті, які вони мають (якщо не володієте точною інформацією, використайте приблизну). А тепер розглянемо результат Вашої роботи. Добре подивіться на імена людей у Вашому списку та на їхні доходи. Кіосакі говорить нам: Ваш рівень життя та Ваша зарплата відповідають середньому розмірові зарплат близьких Вам людей. Цими словами він пояснює нам, що ми живемо так, як і вони, ми заробляємо, як вони, і у більшості думки також співпадають із нашими. Ви запитаєте, що ж Вам робити, якщо Вас такий стан речей не влаштовує? Все просто: Ви повинні чітко уявити, чого Ви хочете досягнути, і знайти людину, котра цього досягла. Докладіть всіх зусиль, щоб із нею контактувати. У більшості, можливо, буде відчуття, що людина, яка досягла того, чого лише прагнете досягнути Ви, не захоче з Вами спілкуватись. Якщо це дійсно так, то лише тому, що Ви про це думаєте і з самого початку налаштовані на таке. Будь ласка, подумайте про те, що вона буде рада Вам допомогти у втіленні Вашої мрії і, звісно ж, розплануйте, як Ви із нею познайомитесь.

Ми перечитали цей розділ і тепер зробимо висновок, що планування таки чогось варте в нашому житті. Написання плану необхідне для того, щоб все робити швидше, і це не просто даремна затрата часу, як думає більшість. Ми тепер з Вами взнали, що це один із кроків до успіху. Так, саме Вашого успіху!!! Просто дійте, набувайте корисних звичок і сформуйте звичку написання плану!!!

У наступному розділі ми з Вами детально розглянемо власне формування звичок, як і корисних, так і дуже корисних! Зустрінемось у наступному розділі.

РОЗДІЛ 5

ЗВИЧКИ

Ось і 5-й розділ. Ви собі зручно й затишно прилаштуйтесь, і почнемо з Вами розмову про формування звичок. Ви зараз читаєте цю книгу і отримуєте інформацію, котра буде для Вас корисною. Тут все чудово, але чому Ви вирішили читати? Так, звісно, ми дамо Вам час на роздуми. Люди, переважно, відповідають, що коли вони читають книгу, то відпочивають, поринувши у світ героїв книги, інші ж кажуть, що постійно примушують себе читати, бо свідомо розуміють, що отримання інформації просто необхідне. Так що ж, переважно, нами керує? Можливо, хтось вже зрозумів, про що я веду мову. Так, тут спрацювала звичка, і то звичка з розряду корисних для Вас. Немає значення, яку книгу Ви читаєте - цю чи іншу. Ви це робите завдяки звичці. Мій знайомий психолог Роман розповідає, що до бажання читати нас підштовхує підсвідомість тоді, коли звичка вже сформована.

Ви запитаєте: як формувати звичку? Все дуже просто: повторення і ще раз повторення. Як повторення якоїсь дії може виробити звичку? Наш мозок сформований так, щоб робити життя наше простішим, і саме тому ми, повторюючи якусь дію декілька разів, скеровуємо це у підсвідомість та фіксуємо в нашому мозкові. Розписувати детально це не буду, а загально познайомлю Вас.

Збираючись чимось займатись, ми робимо перший крок, про який всі кажуть, що він найважчий («...перший крок - це найважче, перший крок - це так незвично, після першого кроку настільки незвичні відчуття»). І тут з усіма можна погодитись. Наприклад, Ви хочете створити компанію. Це чудово! У Вас є все: мотивація, широке коло корисних знайомих, друзів, які допоможуть Вам. Але чомусь так важко почати. Що ж нас стримує ? Страх перед новим? Чи те, що ми вийдемо із зони комфорту? І те, й інше. Ви позбудетесь старих звичок, якщо не будете їх повторювати, а якщо будете, то зробите їх динамічнішими і більш якісними.

Стосовно першого кроку, то він, як каже теорія і стверджують люди, може бути досить неприємним. Уявіть собі, що Ви простуєте міцним твердим асфальтом і раптом виходите на твердий лід. Відчуваєте різницю? Так, ніби все звично, лід міцний і твердий, чого тут переживати, але підсвідомо інстинкт самозбереження бере верх - у вас немає навички ходіння по льоду, тому й виникає це відчуття небезпеки: «А якщо трісне, а якщо послизнусь, а якщо...» Приклад досить простий, реальний, із життя людини, котра хоче залишити безпечний асфальт і перейти по льоду заради того, щоб отримати свободу на іншому боці.

Ви, напевно, запитаєте, як це працює в реальному житті? Любий читачу, я, звісно, наведу Вам приклад. Уявіть: є робітник, сумлінний, ходить на роботу, працює, отримує платню, йому є чим пишатися, сім'я задоволена його заробітком, але в душі він прагне більшого і вірить в те, що зможе досягнути чогось кращого. Він відчуває себе рибалкою, котрий ловить рибу, сидячи на березі, над водою, і всі задоволені, але він знає, що може наловити більше, знає, що десь там, далі від берега, на більших глибинах, є величезна риба... Що ж йому треба зробити, щоб її упіймати? Йому треба покинути старе місце риболовлі й вийти в море, але там небезпечно - шторми, вітри, хвилі - та рибалка знає, заради чого він це робить, він здатний довести собі, що він спроможний це зробити. І він це зробить. Першого разу він, може, нічого й не впіймає. На другий-третій раз вже впіймає рибу (це період початкової адаптації до місця риболовлі, до умов риболовлі, і також до найголовнішого – великої кількості риби). І крок за кроком він формував звичку, ставши професійним рибалкою, котрий виходить в море. Аналізуючи свої удачі й поразки, він вчиться тому, що на суші міг вивчити лише теоретично. А він вирішив діяти, бо практика (досвід) дарує нам прості рішення і досконалий результат у майбутньому.

І ось мій знайомий прийняв рішення покинути власну зону комфорту (роботу) і піти у бізнес, створити свою справу, і мати все більші прибутки. І ту він насправді залишився сам. Він знав від друзів, що потрібно піти в певні державні органи підписати отакі-от документи, але це все була теорія, рекомендації, та, пройшовши через все, наступного разу він зробить це швидше. Ось настільки в нас добрий і життєрадісний мозок, який спростить все, що ми вважаємо недосяжним, за однієї умови: Ви підете і зробите перший крок, і будете продовжувати робити наступний, крок за кроком, і тут сформується звичка, котра дозволить Вам буди професіоналом у цій справі. А кого називають професіоналом? Людину, котра знає свою роботу на всі сто відсотків, і то з практики.

Я радо розповім Вам про один експеримент, який мій друг Роман проводив. Є звичайна квартира, де знаходяться люди. Вони жили там 5 днів. Найчастіше вони вмикали світло на кухні і у вбиральні - постійно приходили і вмикали. І, напрактикувавшись, вмикали його навіть наосліп. Тобто вони зразу натрапляли на вимикач, і через такий невеликий період, як 5 днів, їхній мозок не витрачав своїх сил на пошуки вимикача – він його зафіксував. Суть експерименту, звісно, не в тому, скільки днів чи разів потрібно для того, щоб призвичаїтися, хоча це також має значення. Та власне експеримент полягав зовсім в іншому. Після їхнього проживання в квартирі протягом 5-ти днів ми побачили й інші звички, які сформувались, а саме – знання, де знаходяться деякі речі, посуд, наприклад, і вміння ці речі зразу знаходити. Ми задавали цим людям різні запитання (щоб відволікти свідому частину мозку), на які вони відповідали, й одночасно просили їх подати посуд, столове приладдя. Вони відповідали нам і одночасно подавали те, що ми просили, навіть не задумуючись.

І ось тут починається найцікавіше. Ми переставили вмикачі в інші місця, знявши їх зі звичних місць, а також переставили посуд і приладдя, і спробували подивитись, чи справді так важко забути ті старі звички, котрі у нас вже встигли сформуватись. І тут виявилось, що кожен мешканець цієї квартири, спробувавши увімкнути світло (ми, звісно, їх ні про що не повідомили), одержував чималий стрес. Ми питали їх, як вони себе почували, коли не знайшли того, що завжди було на певному місці й фізично самостійно зникнути не могло? Спочатку вони перевіряли, чи справді вони у тій самій квартирі. Потім вони шукали потрібні речі, а тоді ще три дні звикали до їх нового розташування.

Отже, Ви бачите, наскільки сильно звичка формує нас. Завдяки їй наше життя стає зручнішим, і ми набуваємо звичок підсвідомо. Скажу просто: щоб звикнути йти до успіху, потрібно робити те, що роблять успішні люди, і Ви звикнете настільки, що самі станете успішним. Це все, на перший погляд, дуже просто, а насправді - це ще простіше. Не лінуйтесь, не давайте поблажок самому собі. Пам'ятайте, що Ви людина, яка здатна, змінивши себе, допомогти іншим, а інші, звісно, Вам за це будуть вдячні. Тому, любий читачу, працюємо над звичками, розвиваємо їх за допомогою спроб і ще раз спроб. Забудьте про старі звички: згадуючи і застосовуючи їх, Ви знову повертаєтеся до минулого життя. Звісно, якщо Ви задоволені своїм колишнім і теперішнім життям, тоді повторюйте ті Ваші звички, які до нього Вас привели. Відчувайте себе щасливим і вільним від того, що Вам непотрібно, і так воно й буде! Отримуйте максимум користі від самого себе, і повірте, у Вас її дуже багато.

РОЗДІЛ 6

РОЗВИТОК УПЕВНЕНОСТІ - ЗАПОРУКА УСПІХУ

Скажіть, чи Ви купували коли-небудь квиток? Так-так, квиток на будь-який вид транспорту чи, можливо, на виступ артистів, циркачів - варіантів багато, а відповідь за Вами. Звісно, кожен з нас так чи інакше придбавав квиток і успішно його використав. Ви, коли планували купувати квиток, навіть не сумнівались в тому, що він існує, і що його можна успішно придбати у відділеннях кас Вашого міста, або ж забронювати он-лайн. Було б досить дивно, якби ми сумнівалися в існуванні квитка та можливості його придбати, коли нам потрібно було б кудись їхати. У більшості випадків така впевненість у нас формується після особистого досвіду придбання квитків, а також завдяки досвіду інших людей.

Тут усе просто, але чому ж люди починають сумніватися в своєму успіхові? Чому більшість здається, навіть не спробувавши? Та про це ми поговоримо згодом. Ми, коли народжуємось і розвиваємось, то сприймаємо цей світ з кожним роком яскравіше, і найбільше ми довіряємо лише собі, своєму власному досвідові, котрий працює на нас. А як ми дивимось на ситуацію, в якій у нас немає практики? Правильно, йдемо до друзів або ж знайомих, щоб отримати бодай якусь пораду. Можливо, вони опинялися у подібній ситуації, і кожен може розповісти про неї своїми власними словами, адже ми особистості, тому кожен сприймає по-своєму і передає інформацію по-своєму. І ось тут результат: у нас немає досвіду, ми запитали в людини, нам порадили... Тут ми перед вибором - робити крок чи ні, робити чи ні... Насправді все дуже просто. Ви можете завжди діяти з упевненістю, що Ваш наступний крок буде позитивним, бо все, що зробите самі, потім зможете використати й надалі, а робити висновки зі слів інших – марна справа. Адже хтось любить один колір, а Ви - інший. Як чинять успішні люди? Вони просто беруть і діють, діють з впевненістю перемоги у майбутньому.

Я розмовляв із багатьма людьми, котрі казали: «Так, я хочу розпочати власну справу». На питання, чи ж давно вони цього хочуть, отримував відповіді дивні, на мою думку. Люди хочуть мати власну справу, і хочуть цього не тижнями, а… роками. І тут виникає інше питання запитання: «Чому ж Ви досі нічого не розпочали, якщо так давно цього хотіли?» Відповідають здебільшого: - Знаєте, у мене немає часу зараз тим займатись, це потребує багато затрат.

- У нашій країні це все дуже складно.

- Наша податкова всіх стримує, тому краще я вже якось збоку…

Почувши ці відповіді, я запитав: «Чи ж пробували Ви розпочати власну справу?» Відповідали, що, звісно, ні. А причини цього «ні» я Вам перерахував.

І ось тут я попросив всіх цих людей дати відповідь на ще одне запитання:

- Та ж Ви ще не пробували і навіть жодної практики не маєте, чому ж настільки впевнені, що це саме так ?

Більшість відповіли, що вони це знають від друзів, що чули від знайомих.

- А ті, котрі давали Вам пораду, вони успішні в житті?

- Ні, але вони пробували.

І тут все стало на свої місця. Наш діалог продовжувався, та я опишу коротко, щоб у цю книгу якомога більше вмістити корисного для Вас. Отже, ці люди брали приклад з неуспішних людей. А ми говорили в попередньому розділі, що ми схожі на тих, хто поруч нас, схожі зарплатами, думками, впевненістю. І більшість людей думає, що все знає, а це найгірше, що може бути.

Уявіть, що Ви прогулюєтесь парком і у Вас немає ні годинника, ні мобільного телефону. І тут назустріч біжить жінка з сумкою. Добігла до Вас, раптово зупинилась і запитує: «Скажіть, будь ласка, котра година? Від цього залежатиме, чи я встигну на літак». Що б Ви відповіли? Більшість хотіли б допомогти і почали приблизно визначати годину із розрахунку: час виходу з дому + час прогулянки. І якщо назвати людині приблизну годину, то які шанси, що вона не повірить? У такій ситуації вона подякує і побіжить. А той, хто відповість, мовляв, вибачте, я не знаю, просто допомагає їй тим, що говорить правду. Вона побіжить далі і знайде людину, в якої є годинник або ж мобільний телефон, і це дозволить вирішити їй, варто бігти чи ні.

Ця історія чітко зображає тих людей, які колись пробували розпочати справу і з якоїсь причини не завершили цього, і вони скажуть Вам, що й у Вас не вийде. *Пам'ятайте: лише впевненість, і тільки Ваша впевненість, не чужа, дозволить Вам отримати багато корисного досвіду, і Ви побачите, що якщо зберігаєте свою мрію і включили в процес здійснення її впевненість, то дійдете до неї. Чи це буде дуже швидко, чи повільно - також залежить від Вас.* І наскільки Ви активно будете це втілювати, настільки активно здобуватимете досвід. А люди, які думають, що все знають, не цінують чужого часу і чужих можливостей.

Я виробив для себе такі правила, які є в усіх інших людей, що живуть у достатку. Я даю поради лише позитивні з власного досвіду, щоб на важкому шляху саморозвитку людина отримала додаткову мотивацію, адже коли прагнеш успіху, це необхідно. Тому, роблячи висновки, формулюємо наступне: Ви повинні бути впевнені в кожному кроці, і впевнені, що він Вас приведе саме до здійснення Вашої мрії. Кожен сумнів - це просто втрата часу.

Спробуйте занотовувати отриманий досвід. Наприклад, я беру аркуш будь-якого формату (звісно, в межах розумного) і записую туди те, чого я досягнув, а у підпунктах описую, що я для цього зробив, і після цього так приємно поглянути, що ж вийшло з моїх зусиль. Це як рецепт страви: Ви створили страву, і після того, як скуштували, зрозуміли, що це ідеальна страва, рецептом її приготування варто поділитись, і Ви записує інгредієнти, які необхідні. Так і з планом досягнення мрій. І тоді, коли людина прийде до Вас за порадою, Ви будете мати готовий дієвий рецепт досягнення Вашої мрії - саме це їй знадобиться найбільше. На завершення розділу зробіть собі добру послугу: випишіть мрію, яку Ви втілили, навіть якщо вона невелика (купівля велосипеда, комп'ютера, відкриття бізнесу тощо). І опишіть, які кроки Ви робили для її втілення. І побачите багато нового, хоча все це вже відбулося. Нагадайте собі, а тоді переходьте до наступного розділу.

РОЗДІЛ 7

БЕЗДІЯЛЬНІСТЬ СТВОРИТЬ МОТИВАЦІЮ? ТАК!

Так, Ви справді прочитали, що бездіяльність може створити мотивацію. Як це? Із задоволенням розповім у цьому розділі все детальніше. Уявіть себе людиною, в якої все є, ну просто все, чого саме в цей момент їй хочеться. А більшість скаже, що якщо у мене все є, то чого я ще можу хотіти? Так, все правильно: якщо у Вас була мета, ви її досягли і не створили нової, то створюється хвиля бездіяльності саме тоді, коли ви отримуєте задоволення від попереднього досягнення, а нового не плануєте. У Вас виникає запитання: «А що робити в такій ситуації?» Якщо запитання виникає, тоді дам відповідь, і вона дуже проста: «Оберіть собі нову мету і робіть кроки назустріч їй». Так, просто зробіть це, і хоча час на бездіяльність, звісно, буде, але буде контрольованим, запланованим Вами. Я поділяю думки відомого автора багатьох книг, а також хорошого оратора з Австралії Алана Піза, в яких він чітко пояснює, що створив план свого життя для того, щоб виконати те, що в ньому є, і записувати все нове, що прийде в голову, і теж виконувати. Давайте я вам коротко опишу те, що він нам розповідає, і якими рекомендаціями Алана я керуюся вже роками.

Він наполягає на тому, що коли людина щось хоче зробити, то їй треба це записати, і немає значення, що це - політ у космос чи купівля книги. Люблю також те, що люди розповідають зі свого досвіду, і бачу результати, яких вони досягли, використовуючи його. Алан розповідає, що як тільки він почав записувати всі свої плани і розділяти їх на категорії (про це пізніше), тоді почав отримувати більше інформації саме про те, що фіксував у своєму «зошиті бажань». Ви запитаєте: це як? Я із задоволенням Вам

розповім, любий читачу. Він собі поставив за мету зловити отруйну змію, так, саме отруйну, власними руками, і записав це для себе. Упродовж деякого часу він постійно натрапляв на інформацію, з котрої взнавав дедалі більше про місця проживання змій, про їхню характеристику, про реакції змій. Здається дивним: як це - людина нещодавно записала щось на папері, і все почало втілюватися? Цьому всьому допомагає наш мозок. Як Ви знаєте, ми визначаємо, що для нас найголовніше, і постійно удосконалюємо те, що запланували. Метою письменника Алана було зловити змію, і мозок після запису почав концентруватися саме на цьому завданні. Як свідчать розповіді Алана, він зловив приблизно 50 змій. Вам вже не йметься дізнатись, як це спрацьовує для власного вдосконалення, як це спроектувати на своє життя. Я обіцяв Вам, що розповім, як Алан ділить свою мету на категорії, не обмежуючи їх роками чи датами. Він просто робить в зошиті 3 графи. Це категорії - А, Б, В. А – це те, чого він найбільше хоче досягти. Б – це те, що реальне і необхідне в його житті. В - це мета, для досягнення котрої він докладає найменше зусиль, але бажання досягти є.

Вам достатньо взяти аркуш паперу і написати: А, Б, В. Потім описати бажання, зібрати їх в один файл і отримувати постійно натхнення після їхнього перегляду (нагадування), бо записавши, Ви побачите, що інформація стосовно того, що Ви бажаєте, сама входить у Ваше життя, коли Ви й не чекаєте. І справді несподівано - на вулиці, з книги, з Інтернету, від знайомих тощо.

Давайте розглянемо приклад із життя. Я до 2010 року жив не так, як мені хотілося б. Я був незадоволений тим, що постійно працюю, роблю постійний поступ в кар'єрі. У 2010 році я активно почав думати над тим, як зробити своє життя більш насиченим, як мені сформувати себе настільки, щоб за декілька років я змінився і допомагав робити кар'єру людям, які працюють у моїй компанії. Процес затягнувся. Ще в 2009 році я чекав… і тиждень був довгим, як місяць, час минав, я постійно задумувався над цим запитанням. І коли я зустрівся з давнім колегою, і ми заговорили з ним про життя, він дав мені пораду: прочитати книгу, в якій йдеться про правила формування капіталу («Найбагатша людина Вавілона»). Я не задумувався тоді над тим, що це саме те, чого я хотів, і воно прийшло до мене так просто. Тоді я просто придбав книгу і почав читати. Після прочитання книги зрозумів, як неграмотно працював зі своїми грошима, переглянув своє ставлення до них, почав втілювати інформацію з книги у своє власне життя і виробив у себе позитивне ставлення до грошей. На це був потрібен час, адже нову інформацію я отримав після засвоєння книги, і піднявся в кар'єрі на три сходинки вище. Хоч я не планував робити кар'єру в компанії, де працював, але був впевнений, що це хороший крок для виходу із неї, і це справді було так. Я працював в компанії «Київстар», можливо, хтось чув про неї, вона розташована по всій Україні. Цей досвід мені придався, і хочу розповісти про це детальніше. Я одержав посаду менеджера з продажу (Hantera) в Західному регіоні України, розвиток проходив активно, я навіть частково захопився, але все йшло за планом, і через півроку я мав покинути компанію, щоб розпочати власні проекти, котрі я собі запланував, і частково вже розвивав до того, згідно з рекомендаціями Алана. Саме на цій посаді я взнав багато корисного і налагодив багато корисних контактів. Я працював з бізнес-клієнтами, які частково або повністю досягли того, чого прагнув я. А хотів я створити свою компанію, в якій втілення моїх ідей буде допомагати як стабільності компанії, так і людям, які будуть користатися її послугами. Одним словом, час минав, я знаходився в чудовому колективі, серед тих людей, які віддано працювали для засвоєння більшої кількості інформації з метою просування в кар'єрі в компанії «Київстар». Згідно з планом, я вже наближався до завершення моєї кар'єри. До людей, звісно, звик, колектив був хорошим, що найбільш мене стримувало, але план є план, і я вирішив вчинити так, як запланував. Це для мене було пріоритетом, і я почав діяти. Кар'єра була завершена, я підвів підсумки того, що ж отримав від цієї роботи. Це: нові знайомства, контакти з бізнес-особами, які досягли успіху в напрямках, в яких я хочу стати успішним; досвід ведення перемовин саме з людьми бізнес-класу, без якого мені зараз було б важко спілкуватись з партнерами по бізнесу. Я вдячний такій школі, котра дала мені практичний досвід того, чого я не знав. А все тому, що я запланував те, що хотів, і отримував поступово відповіді на те, що мене найбільше цікавило, і отримував їх навіть тоді, коли не очікував, що цим можна якось скористатися.

Тепер на завершення зробимо висновок, що бездіяльність створює мотивацію. Ви просто фіксуєте те, що вам необхідно, у Вашому «зошиті мрій», і намагаєтесь зазирати в нього хоча б раз у тиждень, і все. Надалі просто живете так, як і жили. Але для здійснення мрії Ви тепер нічого не робите, просто очікуєте, і інформація буде з'являтись, до цього будьте готові. Ви поглинете багато інформації на цікаву Вам тему, вона буде просто литися з Вас. А бездіяльність - вона поступово зникне. Ви не захочете стримувати себе, знаючи, наскільки Ви підготовані. Ви станете Мікеланджело і будете створювати самого себе, карбуючи кожен крок до успіху. Все ще простіше, ніж ми думаємо. Варто захотіти, і Ви отримаєте те, чого бажаєте, а буде це через рік чи через місяць - залежить від Вас, від того, наскільки швидко Ви будете готові сприймати цю інформацію. Всі успішні люди це використовують завжди. Як Ви думаєте, вони б це використовували, якщо б не спрацьовувало?

РОЗДІЛ 8

ВНУТРІШНЯ І ЗОВНІШНЯ МОТИВАЦІЯ (НАШ ВЛАСНИЙ З РОМАНОМ ПРИКЛАД)

Я впевнений, що Ви знаєте людей, які дуже швидко запалюються ідеями, а потім так само швидко згасають і через декілька років, які минули, дуже рідко про це згадують. Але якщо згадують, то мотивація для цього просто відсутня, або ж дуже незначна. Тому саме в цьому розділі ми з вами і зробимо аналіз тих ситуацій, котрі можуть завадити робити крок у перед.

«Ура! Ця ідея на мільйон!» - кричить чоловік дружині. Розповідає дружині, розповідає сусіду, розповідає колегам на роботі, а повертається після роботи, почувши багато критики і недовіри до своєї ідеї. Вам цікаво, які відповіді найчастіше дають? Звісно, я це скажу, але якщо Ви стикались з такими варіантами, пригадайте, що в цей момент Ви пропонували.

Ось поширені відповіді про наші ідеї:

- Це важко, ти цього не зробиш.
- Заспокойся, ти ж знаєш, в якій ти країні живеш.
- Я колись думав спробувати і побачив, що це важко, і завершив ще на самому початку.
- Навіщо тобі це, ти ж працюєш?

Ось такі слова, і ще багато інших слів, Вам можуть наговорити ці люди. Питання в тому, чи хтось зараз цим займається. Звісно, що ні, скажуть лише ті, хто вважає це важким, бо самі не пробували.

Я найчастіше задаю запитання людям, які кажуть щось подібне:

- Скажіть, будь ласка, а Ви цим займаєтесь?

Ви здогадуєтесь про відповідь, яку я отримую?

- Звісно що ні, бо це важко.
- Скажіть, а Ви пробували цим займатись?
- Звісно що ні, це пусте витрачання часу.

І знову моє запитання:

- Скажіть, а з чого Ви робите висновки, якщо Ви не займались цим і не займаєтесь?

Вони відповідають вже з більшою агресією, тому що розуміють: їхні думки заводять їх в кут. Останні відповіді звучать так: «Навіщо мені пробувати, я вже чув; навіщо пробувати, якщо я думаю, що воно не працює?»

Ось тут я згадаю свій перший проект, над яким працював і досі його успішно розвиваю разом з колегою Романом. Це настільна гра «Почати знову», ноу-хау, в яку можуть грати дорослі, і пари можуть взнавати більше один про одного для подальших міцних стосунків.

Ми проводили велику кількість ігор в різних місцях. Відгуки тих, хто грав, надзвичайно позитивні, в людей просто ейфорія, емоційне піднесення. Одним словом: з 300 людей 3-є намагались доповнити розділи гри. Так, саме 3-є людей, але тут є одна деталь: ці люди не грали в гру! Так, саме вони, не граючи, хотіли до неї щось доповнити. Ми їх вислухали, отримали багато позитиву, занотували побажання. І я вирішив запитати:

Скажіть, будь ласка, а як, на Вашу думку, простіше навчитись керувати автомобілем: коли дивитись, як інші це роблять, чи самому керувати? Вони відповіли, що, звісно, самому. І тут я зрозумів, що люди, які критикують, здебільшого просто заздрять, або ж роблять висновок з найгіршого, бо «думають, що знають». Тому, любий читач, давайте підведемо підсумки. Якщо у Вас є ідея, запишіть її на аркуш і просіть лише тих, хто цим займається, щоб Вам допомогли або ж порадили. Ті, хто цим не займається, будуть впевнено говорити, що у Вас не вийде. Виробіть у себе звичку, коли Вам заперечують без доказів, ставити собі запитання: «Чи ця людина насправді цим займається? А чи вона просто думає, що знає?»

У фільмі «Гонитва за щастям» є дуже хороші слова: «Не слухайте нікого, хто говоритиме, що Ви чогось не можете. Ви можете зробити все те, що захочете! Якщо в інших не вийшло, вони будуть казати, що й у Вас не вийде. Просто ігноруйте і пробуйте йти до мети так, як Ви хочете». Особисто я завжди собі кажу такі слова. Виберіть свій шлях, вторуйте його, потім буде набагато простіше. Знаєте, я це бачу по тих людях, які досягли успіху. Вони з самого початку просто звернули з того втоптаного шляху, яким ходить багато людей. Коли вже певний рівень був пройдений, вони продовжували ходити, поки все не ставало ще простішим. І коли вони вже ставали на ноги, то наймали людей, які працювали на них задля досягнення своєї мрії. Я називаю цей момент прокладанням асфальту на своїй протоптаній стежині з закритим рухом для інших. Це коли Ви створили власну компанію і працюєте над її вдосконаленням.

Ми в книзі подаємо багато інформації, що стосується і нашого власного життя. Ми описуємо те, що відбувалось з нами на шляху до успіху, крок за кроком. Ця інформація, котра надається, Вам, можливо, знадобиться для побудови власного бізнесу, а комусь для кар'єри, комусь - для сім'ї, вона актуальна в нашому столітті.

Отже, робимо висновок. Мотивація є в кожного (внутрішня і зовнішня). Тримайте її завжди в тонусі, запозичуйте її в тих людей, які заряджають світ енергією перемоги. В моєму випадку: я відвідую тренінги мотивації. Так, вони платні, але цей внесок відшкодовується дуже швидко після того, як я отримую цей заряд мотивації. І завжди намагайтесь наповнювати внутрішню мотивацію, на початках це буде важко, тут все приходить з часом. А зовнішня - набувається з книг. Наприклад, ось Ви купили цю книгу, читаєте її заради того, щоб зарядитись, отримати поштовх до дій. Розуміючи це, я максимально допоможу Вам!

Завжди вірте в те, що Ви найкращі! Психологи підказують нам відповідь на запитання «Що найдешевше у світі?» Вони кажуть: «Це думки інших про нас». Тому, щоб не говорили інші, своє життя будуєте Ви! Тому, нагадую, завжди мотивуйте себе внутрішньо настільки, наскільки це можливо! А зовні беріть приклад з успішних людей і кажіть собі завжди: «Я найкращий (-ща)!!!» Звикайте до цього.

РОЗДІЛ 9

ТВЕРЕЗА ЕКОНОМІЯ

Скільки людей економлять гроші? Скільки думають постійно над тим, як придбати щось дешевше (або зі знижкою)? Це притаманне майже всім людям. Одного разу в компанії з маркетингу, я тоді також був присутній, аудиторії задали запитання:

- Підніміть, будь ласка, руку ті, хто економить світло вдома? (Звісно, це можливо, починаючи з використання менш потужної лампи розжарювання і до постійного контролю вмикання і вимикання світла). Тому більше половини піднесли руку і отримали наступне запитання:

- Скажіть, а Ви економите кошти, і скільки це виходить у місяць загалом? (Всі здивувались такому запитанню і відповіли, що не знають і навіть не замислювались над цим).

Звучить нове запитання: «А скільки з тих грошей, що Ви зекономили, маєте збереженими? Більшість обмінялись поглядами і відповіли, що також не контролювали цього. На що отримали відповідь від ведучої: «Ми постійно економимо, шукаючи вигідніші альтернативи, обдумуємо «стратегічний» обмін заради вигоди, а в результаті підвести підсумки нашої економії ми не можемо». Як приклад вона показала своїм слухачам щоденник, в якому вираховувала всі витрати, і в кінці фіксувала суму, яку їй вдалось зекономити, а в кінці місяця в неї були підведені підсумки витрат і зекономлених коштів. Вона чудово розуміла правило фінансової грамоти і знала, що потрібно відкладати 10 % від доходу щомісяця. Багато хто з людей, які були в залі, почали заперечувати, мовляв, це втрата часу, навіщо це контролювати. На що отримали досить тверезе запитання:

- Скажіть, а навіщо у бізнесі бухгалтер, якщо можна обійтись без нього?

Зразу почули масу відповідей на зразок: «Це обов'язково! Як можна розподілити кошти на різні потреби, якщо немає бухгалтера, який вирахує все до копійки? Висновком стало те, що всі присутні говорили про потрібність бухгалтера для того, щоб у компанії фінанси були пораховані і розподіл капіталу проходив по потребі.

Відповідь ведучої була наступна. Вона попросила уявити кожного з присутніх себе бізнесом (так, саме бізнесом!) з бухгалтером і без. Всі замислились над цим завданням, і лунали голоси: «Так це ж просто», «В цьому щось є!», «Ось над цим варто задуматись!» Ведуча розповіла про правила фінансової грамоти у своєму житті, котрі вона розвинула в собі до автоматизму, і перевела це у звичку. Вона, нагадую, заощаджувала 10% заробітку і не дозволяла собі витрачати його, а постійно накопичувала, і сума в неї вже накопичилася чимала, бо ж і щомісячний заробіток був непоганий. Нічого складного, просто звичка і постійна зосередженість на накопиченні дозволяють їй кожного місяця бути впевненішою у майбутньому.

Особисто я розрізняю два типи економії. Це агресивна і твереза.

Агресивна економія - це та, яка формується у людей разом з відчуттям жадібності та в майбутньому може впливати на різні фактори життя. Наводячи приклад, хочу описати детально, що саме я маю на увазі. Уявіть чоловіка, котрий поїхав на сервіс з ремонту автомобілів і вибирає деталі для своєї машини. Перша деталь дешева, друга - середньої ціни, а третя коштує дорого. Це чудово, коли у людини є вибір, адже саме тому, роблячи його, людина задумується, як це зробити краще і що обрати - або якість, або іти на ризик і придбати неякісний дешевий товар. Ось після купівлі найдешевшої деталі чоловік поїхав із магазину, і наскільки якісним був це продукт, і чи він відпрацює хоча б половину того, що могла б відпрацювати трошки дорожча деталь, покаже час. Це обдумане рішення, отже - обдуманий ризик. Навіть приказка про це є: «Скупий платить двічі». Також щодо агресивної економії на продуктах: врахуйте те, що їх будете споживати Ви, і від їхньої якості залежить Ваше власне здоров'я. Власник фірми з маркетингу, коли ми були в ресторані, замовив собі те, що хотів, навіть не глянувши на ціну. Коли підлеглі його запитали: «А Ви знаєте, скільки це коштує?» - то відповідь його була така:

- Яке це має значення, скільки воно коштує, якщо це інвестиція корисного у моє здоров'я? Маючи здоров'я, ми зробимо в тисячі разів більше!

Тут я повністю згідний, адже ми завжди розвиваємось і самовдосконалюємось, і пам'ятаймо, що агресивна економія - це гра, в якій ймовірність отримання користі знижується.

Твереза економія - це те, що ми з Вами заощаджуємо щодня, коли купуємо який продукт дешевше, щоб відкласти кошти, котрі вдасться зекономити. Як і у всіх розділах, зараз наведу приклад для кращого сприйняття інформації.

Припустімо, в магазині, де Ви постійно купуєте продукти, Ви витрачаєте енну суму на одні й ті ж продукти. Все просто: купили продукти - заплатили гроші. А ось твереза економія проявляється тоді, коли Ви придбаєте ті ж продукти, але дешевше. Саме так: якщо Ви вирішуєте економити, то прагнете здійснити покупки дешевше, при тій самій якості, адже продукти однакові, тільки у різних магазинах ціни можуть відрізнятись. Скажу чесно, мені подобається твереза економія, і я впевнений, що більшість людей мене підтримає. Я особисто люблю робити покупку на гуртівнях, де продукти тієї ж якості при купівлі їх більшої кількості стають на 20-25% дешевшими. Це, ніби, й небагато, але якщо порахувати за рік, то й немало. Уявімо, я проводжу закупку продуктів на 2 тижні, витрачаю на продукти приблизно 3000 гривень у звичайному магазині. А якщо я використовую тверезу економію, я купую ці ж продукти і сплачую замість 3000 суму

2250. Звісно, суму, яку я заощадив, можу використати, як хочу, і я завжди знаходжу місце для тих грошей, адже гроші повинні робити гроші, і це чудове відчуття. Я впевнений, що Ви отримали інформацію, яка буде корисною для Вас, любий читачу, головне, щоб Ви постійно розвивались, так як це роблять успішні люди.

Перейдемо до однієї з важливих тем. Це - «Що я буду робити, коли у мене будуть гроші?»

Уроки інвестицій, як власних заощаджень, так і нових, ми обговоримо в 10-му розділі.

РОЗДІЛ 10

ЩО Я БУДУ РОБИТИ,
КОЛИ У МЕНЕ БУДУТЬ ГРОШІ?

Так, справді, чи хтось задумувався, що він буде робити, коли у нього буде більша сума грошей, ніж зараз? Я маю на увазі не відчуття, а саме те, що будете купувати, як будете інвестувати, як будете примножувати. Допустимо, завтра у Вас на 1000 000$ більше грошей, ніж зараз. Які Ваші дії? Візьміть, будь ласка, аркуш і напишіть цю суму згори, додайте суму Ваших теперішніх наявних коштів і напишіть, куди Ви розподілили цей мільйон. Багато людей скажуть: «А навіщо це?» Відповідь проста: «Або Ви самовдосконалюєтесь, або ж залишитеся позаду - світ не чекатиме…»

Якщо Ви виписали це, то подивіться, скільки Ви будете отримувати з Вашого капіталу, так, саме отримувати. Тому на цьому аркуші, де Ви це записали, підкресліть пункти, які будуть приносити вам кошти. Коли ми проводили це анонімне опитування у великій авдиторії, то попросили підкреслити те, що надалі буде приносити прибуток; від цієї суми 10 % були тими грошима, котрі просто витрачені і прибуток з них не передбачався. У 60% людей з аудиторії виникло запитання, чи враховувати банківський депозит? Звісно що так, хоча це незначний прибуток на тлі інфляції, але найпопулярніший серед населення. А останні 30% використали в своїх планах те, що ми називаємо пасивним доходом. Вони розписали створення бізнесу, інвестиції в різного роду фонди, акції компаній тощо. Вони зосередилися на тому, щоб частину цієї суми вкласти так, щоб вона приносила їм прибуток у вигляді пасивного доходу, а іншу частину витратили на те, що бажали. Ось Ви, напевно, завершили формування вашого плану при збільшенні капіталу. Тепер також підкресліть активи вашого плану – ті, котрі будуть давати прибуток безпосередньо у Ваші руки або на Ваш рахунок у банку, це суттєво нічого не змінює. Якщо Ви записали всі ці гроші, тоді продовжуємо далі. Якщо сума, яка буде на Вас працювати, складає 30% від загальної, тоді треба перевірити можливості її збільшення. Ризики є завжди, і ми повинні розподілити суму по різних напрямках і отримувати прибуток з кожного потроху; інвестиційні фонди називають ще «портфель інвестицій». Ось тому 30% в активи - це незначна сума, хоча й доступна. Поясню, чому незначна: Ось отримали Ви більшу суму і автоматично почали збільшувати витрати, і Ваші потреби зростають. На практиці Ви побачили, що сума при консервативних інвестиціях дає 5% прибутку на місяць (ця цифра середня між збитковими інвестиціями і дуже прибутковими, які траплялись саме в моїй практиці з однією хорошою компанією). Ви можете порахувати суму, котру Ви виділили на інвестиції, крім банку; вирахуйте з неї 5%, і побачите дохід у місяць.

Приклад:

Від 500 000$ беремо 5% = 25 000$ у місяць. Ось таку суму приблизно при консервативному плануванні одержуємо на місяць. Але якщо Ви знаєте свої витрати, то помножте їх на 10 і отримаєте суму, яку будете витрачати при збільшені доходу (це також дані наших фактичних спостережень). Тому я завжди рекомендую: якщо сума інвестицій, записана на Вашому аркуші, складає 30%, або менше, від загальної, то потрібно вирахувати і додати ще половину від суми, котра у Вас є, для того, щоб гроші надходили швидше, і Ви могли більші суми інвестувати в консервативні портфелі і незначну суму - в агресивні. Коли люди так чинять, то вони мають хороший пасивний дохід, сформований з часом, і чітко розуміють, що сума інвестицій повинна бути більшою 50%, бо тоді їхні потреби будуть задовольнятись швидше, і виникає можливість реінвестування грошей (тобто отримання прибутку з прибутку).

Якщо Ви розподілили все повністю, то я впевнений, що при надходженні більшого капіталу Ви не розгубитесь, а будете створювати постійні надходження за допомогою інвестування. Щодо нашого опитування аудиторії, то висновок досить простий: люди, здебільшого, бояться ризикувати наявним капіталом, а якщо б їм завтра трапився мільйон, вони б просто розгубилися і хотіли якнайшвидше витратити ці гроші, щоб «хоч щось купити, доки є гроші», і тільки менше 30% довірили б гроші банку. Після того, як ми все розглянули, виявилось, що більшість не хотіла інвестувати в бізнес тому, що в них були знайомі, котрі казали, що це не працює, в тому нема, мовляв, нічого доброго, і коли пролунало запитання: «А Ваші знайомі цим займались професійно?», то більшість відповіли, що їхні знайомі взагалі не займались тим, про що давали пораду. Тому завжди запитуйте тих людей, які вже в тому напрямку працюють, отримують прибуток і живуть так, як би Ви хотіли жити.

Ми почули досить цікаві запитання:

- Як ми можемо так швидко розподілити гроші, якщо в реальному житті на це в нас буде більше часу?

Це дуже хороше запитання. Відповідь була така: «Ось ці аркуші, котрі Ви тримаєте, заповнені швидко, і Ви у більшості випадків так і будете використовувати ці гроші. Ці перші думки, які Ви туди записали, будуть використовуватись і в реальному житті. А якщо Ви будете мати бажання змінити щось, записане на цьому аркуші, то Ви це зробите дуже просто. Достатньо спробувати розібратись в інвестиціях чогось нового, а потім Ви вільно зможете при розподіленні коштів записати вже новий інструмент інвестицій.

Якщо людина знає щось конкретно, то вона напише це на аркуші, не вагаючись, і буде довіряти цій інвестиції. Ось перегляньте також свій аркуш: у Вас багато незнайомих Вам інвестицій? Звісно, що їх немає. І тут я з Вами погоджусь, тому що довіряти гроші тому, що ми не знаємо, досить ризиковано. Тому рекомендація буде простою: потрібно намагатися завжди вивчати питання самому, або ж брати приклад з тих, хто вже цим займається і щораз більше цим задоволений.

Моя рекомендація вивчати новинки які зараз невпинно розвиваються, Я вже наголошував на ПАММ-рахунки і компаній серед тих які надають такі послуги з кожним роком більше, тому важливо вибирати надійну і прозору компанію, особисто я вже 3 роки використовую сервіс компанії Forex Trend. Також аналізував компанію і бачу, що багато знаменитих людей використовують їхні сервіси, а саме: молоді олімпійські чемпіони з боксу Олександр Усик, Василь Ломаченко, та заслужений артист Гоша Куценко.

Що потрібно інвестору на Вашу думку?

Інвестору який займається ПАММ-рахунками, достатньо комп'ютер і доступ до Інтернету, це повністю новий вид інвестицій який розширюється постійно, і працює як Ви переконались невибагливо.

В першу чергу надійність і зменшені ризики, якраз цим і можу виділити сервіси які впроваджує компанія Forex Trend, один з важливих це ***індекси***.

Основою всіх прибуткових інвестицій людини є бажання, яке в неї повинно зберігатись при великих прибутках та незначних спадах.

Ну ось ми коротко розібрали надійність, а далі, після освоєння будь-якої інвестиції, Ви будете впевнені, що частина суми, яку Ви готові будете інвестувати, опиниться саме там, де треба.

Ми це робимо заради того, щоб кожна людина відчула дію свого майбутнього капіталу і була підготовлена до розподілу коштів так, щоб вони були прибутковими. Як кажуть в народі: «Важко в навчанні, легко в бою». І тут це спрацьовує на всі 100%: чим більше Ви захочете знати про інвестиції, тим більше Ви будете про них знати. А досвід дозволить Вам зробити так, щоб Ви отримали максимум. Після семінару ми допомогли кожному, і всі аркуші були заповнені. Отже, не менше 50% коштів відведено на інвестиції, а інші кошти - на здійснення мрій, втілення різних забаганок тощо. Так більшість людей підійшли до моменту сучасного погляду на інвестиції, і це працюватиме навіть тоді, коли у них буде більше грошей. Висновок простий: «Гроші люблять гроші», і «Гроші роблять гроші». Що може бути приємніше, ніж коли Ви відпочиваєте, а Ваші гроші приносять ще більші гроші до Вашої кишені? Якщо Вам це подобається, займіться поглиблено вивченням інвестицій, їх на ринку є більше, ніж ми думаємо. Я прихильник франчайзингу, акцій, бізнес-проектів, інвестування в ПАММ-рахунки компанії Forex Trend (*якщо для вас сам термін «ПАММ-рахунок» незнайомий, то даю коротке визначення – це модуль управління процентним розподілом, а якщо зовсім просто – то це **рахунок з довірчим управлінням**) тощо. Отримання прибутку з кожної інвестиції можливе, головне, щоб Ви добре це вивчили і робили перші кроки.

РОЗДІЛ 11

ВИ БУДЕТЕ СТАРІШАТИ У БУДЬ-ЯКОМУ ВИПАДКУ, А КОЛИ ВИ БУДЕТЕ ЧИТАТИ КНИГИ ПРО САМОВДОСКОНАЛЕННЯ, ВИ БУДЕТЕ СТАРІШАТИ БАГАТШИМИ

Кожна секунда - це мить, яка перегортає сторінки нашого життя. За нею йдуть день, тиждень, місяць. І ось в такому режимі час полишає нас. Хтось в цей час займається роботою, хтось відпочинком, хтось створює великі проекти для людства, а найважливіше те, що кожен в цей момент щось робить, точніше - бездіяльності в нашому тілі немає, кожної секунди м'язи скорочуються, мозок працює, і це насправді так. Кожна секунда використовується нашим тілом.

Заздрять не крокам, заздрять результатам.

Приходили люди і казали: «Ростик, а чому ти мене не взяв у команду?» Моя відповідь була проста: «У тебе ніколи не було часу на щось важливе, ти шукав причину, щоб відмовитись і критикувати чужі рішення, сказавши, що вони не працюють». Поспілкувавшись із ними, я запитав: «Як думаєте, я маю рацію?»

Вони, врешті, погоджувалися, що було багато такого, що вони могли б зробити, але не робили, а все шукали відчіпного, шукали когось, винного в тому, що вони нічого не роблять. Звинувачували всіх, лише не себе. В нашій команді ми оточуємо себе людьми, які постійно на будь-яку непередбачувану ситуацію мають просту відповідь: «Так це ж так легко зробити, хвилинка - і готово», або: «Це дуже цікаво, я такого ніколи не робив», або «Ого, я багато отримаю, коли це зроблю». І моєю відповіддю другові, який пришов з проханням взяти його в команду, була порада:

«Уникай висловів більшості людей середнього (і нижче) класу». Йшлося про слова, в яких вчувається лінь. Їх було дуже багато, до того ж вони виголошувались цілком свідомо, наприклад: «О, це дуже важко для мене, я ніколи цього не зроблю», або «Ти не повіриш, але мені здається, що це не буде працювати, це дуже ризиковано» і т. д. Слів дуже багато, і вони віддаляють нас від нашого успіху. Тому порекомендував другові, і Вам рекомендую, прочитати досить хорошу книгу, яка змінила моє бачення справи, а саме – «Найзаможніша людина Вавілона». Там детально описано саме ризики і зрозуміло, за допомогою притч, викладено все необхідне для того, щоб розібратись у собі.

Коротко розповім Вам одну дуже цікаву історію саме з цієї книги.

В родині заможного мешканця Вавілона жив собі юнак. Коли він підріс, батько дав йому мішечок із золотими монетами і 5 табличок з правилами. Він повинен був поїхати з ними у світ, і часу на це йому було відведено 10 років. Потім син повинен був повернутися до батьківського дому і показати, як він примножив свої золоті монети. Син послухав батька і вирушив у подорож до незнайомих йому міст. На його шляху траплялося багато людей, це були торговці, розбійники, шахраї. Гроші, які йому передав батько, були швидко витрачені, бо його декілька разів обшахрували. Він залишився з декількома срібними монетами - сам, далеко від дому, і тут він побачив свою першу помилку: він довіряв гроші для бізнесу тим людям, які в тому не тямлять, і він не заощаджував 10%, а використовував їх також. Але у нього ще залишилось найцінніше - табличка з правилами, дотримання котрих призведе до стабільно повного гаманця. Він почав правильно ними послуговуватися:

1. Заощаджував 10% із зароблених коштів.

2. Довіряв гроші лише професіоналам (бізнес по металу провадив із ковалем).

3. Ігнорував швидкі прибутки (лотерею, лото тощо).

4. Пам'ятав, що золото не любить авантюр.

5. Кредиторам сплачував частинами кожного місяця.

Мене питали: «Ростиславе, а як це буде працювати у нас? Чи ж це взагалі актуальне для сучасного світу?» Моя відповідь була впевненою і переконливою: «Ви бачите мене, і скажу Вам так, що я також використовую ці правила у своєму житті, і мені стає тільки краще, коли я розумію, що роблю все згідно з правилами і отримую кращі результати. Тому скажу ствердно: так, вони повністю працюють. І будуть працювати доти, доки в суспільстві існуватиме грошова система обміну».

Тому, якщо *Ви не почали робити цього вчора, то сьогодні ще можна, бо завтра буде пізно.* Це золоте правило, яке примушує нас рухатись швидко і без відкладання справ на наступний день, тиждень, місяць. Починайте завжди зараз, бо час - він біжить, як ми вже казали, і Ви стаєте старшими, а щоб ставати ще багатшими, Вам потрібно робити все, щоб Ви відчували: «О, сьогодні я отримав так багато інформації, це чудовий день - так багато нового».

Нового боятись - старішати швидше.

Отримуйте все, що Вам дає світ, і завжди дивіться на все позитивне, що буде після завершенні праці, бо кроки до цього будуть важкі. Але ви дивіться тільки вперед і поглинайте багато готових ідей, які зроблять Вас ще багатшим, ще розумнішим.

Повернусь до мого друга Юри, про котрого я розповідав трошки раніше. Порада моя йому була простою і корисною для нього самого. Я знав його фінансовий стан, тому моя рекомендація викликала його зацікавленість, він розпитував про те, що там написано - в тій книжці, і наскільки вона цікава. Я багато не говорив і не прихвалював цю книжку, а просто сказав, що вона отримує 5-ку від мене і моїх колег по бізнесу. Звісно, це наші враження, перевірені фактами. Ось так наша розмова була завершена, і ми попрощались. Під час наступних зустрічей з Юрою я знову чув слова: «Я не можу цього зробити, бо не зрозумію прочитаного». Він почав захищати себе від нової інформації і знайшов аргумент - свій вік. І тут я відповів на його перше запитання: «Пам'ятаєш, Юро, ти питав мене, чому я тебе не брав у свої бізнес-проекти? Ось тобі відповідь на реальному твоєму ж прикладі. Це уникання чогось нового, відкидання його.

Підводячи підсумки, фіксуємо основі фактори сприйняття нового:

1. Відкиньте страх (адже саме він є перешкодою сприйняття нового).

2. Залучайте все більше інформації, адже світ постійно розвивається.

3. Відкиньте лінощі (найкраще - це спробувати говорити пропозиціям «так», звісно, адекватним пропозиціям).

4. Планування - це основа досягнення мети.

5. Просто робіть. Викиньте з лексикону слово лінощі, позбудьтесь їх, і Ви все зможете!

Коли ми підіймаємося сходами і не думаємо, як це важко, тоді насправді - це просто.

Ви зауважували, що коли Ви підіймаєтесь сходами, крок за кроком, але чимось відволікаєтесь, наприклад, цікавою розмовою по телефону, то шлях здолаєте непомітно для себе. Чому так відбувається? А все дуже просто. Зробимо порівняння.

Коли підіймаєтесь сходами, думки концентруються на тому, як це важко, і скільки ще потрібно підійматись. І от постійна концентрація на тому, що це справді ще довго й важко, призводить саме до того, що Вам насправді «довго й важко».

Підіймаєтесь з легкими думками або ж відволікаєтесь на інші дії. Ви зберігаєте хороший крок, ритмічний, котрий робить підйом простішим і концентрація на тому, що Ви підіймаєтесь сходами, розпорошується на інші дії. І мозок просто виконує ту дію автоматично (назвемо так - в економ-режимі).

Давайте розглянемо, як це нам із Вами допоможе у наших грандіозних планах досягнення успіху, а також у підтримці або ж створенні власної справи.

Ігноруючи думки, що певна дія є важкою, довгою тощо, Ви економите багато енергії та часу. Це працює і буде працювати тільки тоді, коли ми цього захочемо. Контролювати це дуже просто, основою є концентрація на чомусь іншому, приємному для Вас. І Ви здивовано скажете: «О так, це працює». Звісно, скажете тоді, коли це спробуєте. У нас на семінарах були люди, які стверджували, що справді, концентрація в стресовій ситуації на чомусь приємному їм дуже допомагала. Мозок перемикався на щось приємне, і стрес зменшувався. Але найцікавіше те, що ті, хто навіть не пробував, казали щось на кшталт: «Та це ж нелогічно, це не буде працювати, та воно нереально». Тому, як Ви будете думати, залежить тільки від Вас, а саме від того, спробуєте Ви чи ні.

Все залежить від того, як ми оцінюємо свій минулий досвід і практику.

Ви можете вбути впевнені в тому, що коли скажете «Мій досвід приніс мені багато корисного, - і перерахуєте, - ось це, і це, і це», то Ви побачите, що й справді отримали багато корисного. Коли я чую від людей: «Так, я пробувала, і тільки одні невдачі», то допоможу порадою і в цьому випадку, і результат нашої розмови буде вельми позитивним. Як я це роблю? Давайте, коротко опишу.

Одна жінка-підприємець хотіла розмістити торговельні павільйони по місту, і їй потрібно було погодити документи з багатьма структурами, в тому числі і з державною. Вона прийшла, ми розписали повністю всі дані для успішного планування. І визначили пріоритети. Вона подякувала і вирушила залагоджувати кожен пункт цієї справи. Через певний час жінка повернулась до офісу, і ми переглянули, що було виконано, а що не виконувалось. І ось з 5 пунктів 2 було виконано, а на 3 вона отримала відмову. І що найцікавіше - в державних органах. Ось я вислухав її і зрозумів, що 1-й підпункт був виконаний неправильно з точки зору підходу й надання інформації, а наступні були просто помилками в документах. Ми це все розглянули детально і отримали чітку картину. Після цього пані сказала: «І справді, як я зразу не помітила, це ж величезний досвід! Я настільки задумалась над тим, що в мене не вийшло, що не змогла оцінити належно одержання корисної інформації в ході цієї справи». І коли вона пішла подавати документи вдруге, то використовувала ті, що й раніше, лише додала часточку свого досвіду, який здобула попереднього разу. Як Ви здогадуєтеся, вона досягла свого. Вона проаналізувала помилки, зробила швидко висновки, і це допомогло їй досягнути свого швидко й якісно.

Тому дуже важливо залишати все як є; те, що не вдалося – проаналізувати, і тоді Ви побачите, скільки є ще невикористаних ходів, а також вже знатимете, чого слід уникати за даної ситуації.

Ось це я називаю «цінувати власний досвід, власну практику і використовувати їх в майбутньому». Це просто зробити, тому переберіть в пам'яті схожі ситуації, коли у Вас виникало бажання здатись, але Ви не піддалися цьому бажанню, і цьому посприяв досвід. І значення, позитивний чи негативний, немає, адже Ви з будь-якого досвіду можете отримати багато цінної інформації, тільки потрібно цього захотіти і зробити.

А тепер візьміть, будь ласка, аркуш і запишіть собі в порядку від одного й далі справи, які Ви хотіли робити (немає значення, які - маленькі, великі) і опишіть біля кожної те, через що Ви пройшли, досягаючи цієї мети (навіть якщо Ви її не досягли). Опишіть кожен крок.

Як показує наша практика спілкування з бізнесменами і також початківцями у бізнесі, з тими, хто прагне зробити кар'єру, то вони щиро дивуються і кажуть: «Справді, я тоді багато чого почерпнув, і ось тут багато корисної інформації». І люди розуміють це лише тоді, коли задумуються над цим. Якщо Ви думаєте, що я сам робив такі записи постійно, то дуже помиляєтеся. Ні, я цього постійно не робив доти, доки не спробував уперше. Ось тоді я почав аналізувати майже кожен прожитий тиждень. І не те що мені дуже подобалось розглядати свій почерк, а саме тому, що це давало можливість розгледіти приховану інформацію, не завжди зрозумілу на початку. Тому я рекомендую Вам аналізувати і розписувати кожен крок до успіху, а також аналізувати невдачі та перемоги, і брати максимум корисного! Я казав раніше і зараз повторюю, що тут все дуже просто, головне - відключіть цю функцію, котра у нас всіх присутня під назвою «лінощі», і Ви відкриєте нові можливості.

Все велике будується з маленького (найменшого)

Ви, напевно, не один раз чули ці слова. Звучить гарно і просто, але чому це стало популярним у бізнесі і чому важливо цього дотримуватись?

Мій знайомий, Сашко, котрий розпочав свій бізнес з нуля, розповідав мені детально свої кроки в досягненні таких результатів, і порівнявши їх з моїми, я зрозумів, що вони схожі. Ми починали з маленького камінчика і продовжуємо будувати велику міцну будівлю, котра дає пасивний прибуток і задоволення від роботи. Часто в нас запитують, як ми так можемо - працювати і казати, що це просто. А насправді ж, коли ми починали або запускали якийсь новий проект, задоволення було багато, тому що нам це подобалось. Ми думали, створювали, бавилися з ідеями, і більшість наших учнів, а також рідних, казали: «О, вони так багато працюють, постійно зайняті... і кажуть, що вони не працюють». Я їх підтримую і висловлюю свою думку: «Ми творимо компанію і інвестуємо туди час для отримання бажаних результатів і досягнень. У нас постійно є чим зайнятись. Ті, хто має свої компанії, нас зрозуміють, а ті, хто не має, невдовзі також нас зрозуміють, тому що ми зараз крок за кроком розглянемо, як це - створити компанію, і що ж означає вислів «Все велике будується з маленького».

Отже, розпочинаємо з найпростішого. Як Ви думаєте, що створили бізнесмени, які починали будувати свій бізнес ще з першої цеглини? Якщо Ви сказали «ідею», то тут я погоджуюсь на всі 100%.

Покроковий опис створення власного бізнесу з нуля.

1. Ідея - це справді те, що штовхає бізнесменів-початківців уперед і допомагає їм формувати і планувати все так, щоб мета була досягну якнайпростіше. Як думаєте, чи можна без мапи проїхати, наприклад, з Москви до Рима? Так, тут все можливо. Уявіть, що Ви вирушили в подорож без мапи і їдете. Рано чи пізно Ви доїдете до точки призначення (тут питання – коли?). А якщо у Вас є мапа, на якій Ви чітко позначили дорогу, тоді, подорожуючи з нею, до точки призначення потрапите набагато швидше, ніж без неї. Ми цього не перевіряли на практиці, але запитали в тих, хто професійно займається поїздками (далекобійників). До речі, далекобійники зі стажем набули, як вони це називають, інтуїцію і звичку приймати правильні рішення щодо скорочення шляхів і доставляння товару швидше. Цим вони завдячують тільки досвіду, котрий набули з роками. *Тому,*

якщо починати щось робити, то беремо ідею, після чого витягаємо «мапу» і малюємо шлях до ідеї.

2. Мапа для нас - це планування того, як досягнути втілення ідеї. Де її взяти, цю мапу досягнення успіху? Оскільки вона для кожного індивідуальна з тієї причини, що ми, люди, маємо різні звички, різні темпераменти і т. д., тому формуємо своє особисте планування, яке і буде для нас мапою.

Приклад. Я хочу відкрити 1 торговий центр. Мені потрібні:

1) Консультація того, хто вже має торговий центр.
2) Збір необхідних документів.
3) Вибір території.
4) Пошук людини, що створить проект.
5) Пошук будівельної компанії (звісно, потрібно знайти найкращих).
6) Закупівля необхідних матеріалів і їх постачання.
7) Налагодження постійного постачання матеріалів через посередника (щоб зекономити в подальшому власний час).
8) Контроль якості будівництва.

І я далі все розпишу, деколи це може сягати 100 -150 пунктів, а в мого друга, який реалізовував ідею, ледь набігло 20 пунктів. І саме тому я кажу, що це індивідуально, кожен розписує настільки, наскільки йому зрозуміло. Тому, якщо 1-ий пункт – ідея, то другим повинен бути опис досягнення успіху. Ось і перейдемо до наступного.

3. Опис інвестицій часу: скільки це все триватиме і скільки часу в день потрібно інвестувати в проект.

4. Розподілення фінансових інвестицій: скільки потрібно вкласти коштів саме у виконання кожного пункту Вашого

планування, і вказати загальну суму, яка буде відображати платоспроможність, Вашу чи інвестора.

5. Перевірте бажання. Та як би дивно це не звучало, воно є основою для закріплення. Потрібно написати, для чого Ви це починаєте. Можливо, допомога суспільству приносить задоволення, можливо, є фінансова зацікавленість. Кожен по-різному задовольняє свої потреби, тому, щоб проект був завершений успішно, постійно пишіть і нагадуйте собі, для чого Ви це робите. Багато хто цей пункт просто пропускає і вважає, що він не відіграє великої ролі у досягненні мети. І мені багато хто задавав питання: «Ростиславе, скажіть, а чому саме він такий важливий?» У мене було зустрічне запитання: «Як думаєте, чому люди опускають руки, коли виникають складнощі в будь-якому проекті?» «Тому що вони виснажуються від поразок», - була їхня відповідь. На що я відповів: «Бо людина забуває, заради чого вона йде на реалізацію ідеї. Якщо була конкретна мрія, наприклад, отримати фінансовий потік і вільно розпоряджатися своїм часом, тоді нагадування про цю свободу, подорожі, постійні надходження грошей без втручання в бізнес принесе неабияку мотивацію, і людина буде раз за разом переступати через невдачі і йти прямо доти, доки мрія її ще живе; і знатиме, для чого вона це розпочинала.

Найбільша помилка в тому, що ми швидко здаємося, іноді, щоб отримати бажане, потрібно просто спробувати ще один раз. © Томас Едісон

6. І останнє. Вірте в те, що Ви досягнете бажаного, і навіть ще більшого! Вірте, і у Вас все вийде.

Віра у власний успіх дозволить Вам досягнути його. *Як Ви думаєте (добре чи погано), то воно так і буде.* Запрограмуйте себе на успіх, і досягати його буде просто і приємно. Багато людей питали, яке з цих правил основне, що саме можна виділити. Моя відповідь була така: «Тут повністю підібране необхідне». А щоб воно працювало, треба дотримуватись ось цих пунктів і записувати для себе повністю все, і бачити свої кроки, записані на аркуші, або ж в електронному варіанті. Тут кожен пункт важливий і поєднаний з іншим пунктом, який дозволяє вибудувати шлях до Вашої мрії. Ми всі люди, і хтось скаже, що це важко, хтось - що це просто, і воно так і буде. Хто цікавиться, або ж бачив фільм «Секрет» і почав фільтрувати думки, тому буде легше думати позитивно, а тим, хто ще не переглядав цього фільму, рекомендую витратити півтори години власного часу, щоб заощадити роки.

У кожного з нас є ідея, котра має принести те, що від неї очікує кожна особистість для себе, і я впевнений, у Вас також є ідея, реалізація якої принесе Вам задоволення. Просто сплануйте собі все, дійте згідно з планом, і Ви побачите, що це дуже просто.

Міцний фундамент - це початок успіху.

Всі говорять про успішні справи, обговорюють створення нового проекту і також удосконалення старого, а основу велика кількість людей просто ігнорує. Основою я називаю фундамент бізнесу. Любий читачу, я Вам із задоволенням розповім детальніше про ті основи, які застосовую я у своєму бізнесі, а також їх застосовують ті люди, з якими доводилося мені працювати.

Наприклад, нам захотілось створити бізнес, і ми думаємо, що зробити, фільтруємо ідеї, обговорюємо їх і доходимо висновку, що потрібно розробити план дій, про який ми з Вами говорили на початку книги. Чудово, це все ми зробили, далі нам потрібно, щоб бізнес давав прибуток. Ми наймаємо робітників, які цьому сприяють. І ось перші грошові надходження, і так доходить до того, що більшість підприємців (бізнесменів) свій оборот інвестують в себе. А ми виявили, що в цей момент бізнес знаходиться на етапі будівництва, а саме - заливання фундаменту. Хоча люди сприймають те, що гроші надходять, як ознаку процвітання бізнесу, - отже, можна забирати бетонозмішувач і розпочинати вкладати цеглу. Чому через це бізнес здебільшого банкрутує або ж просто згасає? Коли на недобудований фундамент покласти тисячі цеглинок і дах, то що відбудеться, можна тільки уявити. А в бізнесі гроші з обороту товару повинні розподілятись, особливо на початках, частинами, наприклад, частина - на будівництво, частина - на рекламу, частина - на вдосконалення продукту, частина - на пошук нових можливостей на ринку тощо.

«Що ж робити, якщо бізнес у вас один, доходу і грошей, крім нього, немає. Звідки брати?» На це запитання дуже часто відповідаємо просто і легко.

До мене прийшов чоловік, який працює в бізнесі досить довгий час. Він починав кожного разу щось нове, відкривав нові проекти, а старі залишались недієвими, через фінансову невпорядкованість, як виявилось. І ось з його вуст прозвучало це запитання, після виявлення в його попередніх справах причини фінансової нестабільності. Ми побачили, що на початку він підтримував фундамент, видавав гроші, але кожен з проектів в певний період часу був його основним прибутком, і він починав забирати гроші, думаючи, що все налагоджено. А поповнення рахунків компанії завжди необхідне, та й йому самому також потрібні гроші для сім'ї. Що робити для того, щоб мати гроші на сім'ю і не втрачати бізнес? Все просто: потрібно розділяти кошти, це основне. Якщо бізнес - це дохід, то у нього це було приблизно 2000 – 3000 доларів на місяць, і це була гарна сума чистого прибутку для початку бізнесу. Ми вирахували його необхідні витрати у сімейних справах і виявилось, що йому достатньо буде 300 доларів, щоб утримувати сім'ю на звичному рівні досить значний час. І ось, як у більшості випадків, які були в нашому досвіді, рекомендацією стало від'єднання від прибутку 10-20% для власного забезпечення, а залишкові кошти йтимуть через бухгалтерію для забезпечення потреб компанії і розширення збуту продукції.

Все ніби просто: розподіли і так тримай доти, поки не появиться актив у компанії для покриття непередбачених витрат. У випадку із нашим клієнтом це тривало приблизно півроку. У кожного це може бути по-різному, і залежить все від прибутковості компанії та від чистих надходжень та їх розподілу. Він прийшов і каже, що чинив саме так, як ми прорахували з ним, і ось отриманий результат тішить його. У компанії, яку він очолював, зріс дохід завдяки розширенню маркетингового відділу. І це просто зробило компанію міцнішою завдяки коштам і сформувало звичку в її власника не брати більше 20% від чистого доходу. Хоча тоді, коли відбувалась вже друга наша зустріч, він міг дозволити взяти собі більше 20% і їх використовувати, але він відмовився. Дохід чистий зростав і його 20% перетворювались на все більшу суму, і це йому подобалось. Лише одне ще для нього було важко - звикнути брати не всю суму. Ми, люди, звикаємо до нового важко, але коли вже повністю адаптувались, тоді все чудово і просто. Тому завжди примушуйте себе робити корисне, і то регулярно, щоб звикнути.

Наведений приклад - приклад людини, яка починала бізнес як будівництво будинку, і він в неї розвалювався саме тому, що не було вливання коштів для розвитку і зміцнення так званого фундаменту. Достатньо просто знайти помилку і проаналізувати, чому саме вона систематично виникає. І провести певний ряд дій для її уникнення. Дехто каже, що це важко і опускає руки, а потрібно просто зламати стару звичку і розвивати нову.

Якщо при започаткуванні бізнесу Ви набрали персонал, який з часом почав виконувати обов'язки неналежним чином, Вам варто вдатися до 2-х вельми поширених дій. Перша з них

- це зміна планових показників, або ж підвищення контролю. А друга - це зміна персоналу (найпоширеніша). Тому, якщо персонал перестав виконувати свої обов'язки, то це питання просто вирішити, і воно не належить до фундаменту Вашого бізнесу.

Тому в будь-якій ситуації приймайте рішення і втілюйте його. Будь-яке рішення має право на реалізацію.

Довіра в бізнесі. Що це?

Багато запитань виникає. От в моїх знайомих, які мали бізнес на двох, були конфлікти, і їхній бізнес просто розпадався. Питання доволі поширене і відповідь досить проста. Для прикладу розповім Вам про бізнес з моїм партнером Романом. Ми розпочали бізнес доволі давно, а спосіб вирішення питань, допомога один одному наразі залишається такою, як була спочатку. Що ми виявили для себе? А все просто. Ми дотримуємось власного закону в бізнесі, а саме: *«Бізнес працює тоді, коли є 50% на 50%»*. Що це означає? Обов'язки, фінанси, ідеї - все повинно бути 50% як збоку одного партнера, так і другого. Люди, які не пробували, скажуть, що це неможливо, а практика показує, що основою цього великого закону є бажання, і все. Це дуже просто зробити людині, котра хоче зберегти компанію і не втратити чудового бізнес-партнера. Тому довіра і розподіл є основою партнерського бізнесу, і поширений міф про те, що бізнес із партнерами швидше розпадеться, був створений тими людьми, які не використовували наше правило - 50% на 50%. Туди, де воно відсутнє, долучається справедливість, яка просто руйнує довіру. Ось і все: банально просто, а головне – дотримуватись цього правила, і все у Вас буде добре!

Ефективність формування пріоритетів впливає на швидкість реалізації та якість запланованих дій.

Ви запитаєте, як це працює? Ми з вами розмовляли про планування, і як його зробити ефективним, а тепер поговоримо про пріоритети, в чому б вони не були.

В основу пріоритетів закладено вибір того, що Вам найбільше потрібно з певного переліку речей. Коли запитати людей про їхні плани і пріоритети в розвитку особистості, то отримуємо відповідь: «Треба буде над цим подумати, це я вирішу після завершення інших справ; коли буде настрій, тоді буду думати». Означає все це лише одне: людина того не потребує, або ж саморозвиток не є для неї пріоритетом.

У нас була група людей, з якою ми працювали. І ось коли зайшла мова про пріоритети і про те, чи хтось колись визначав їх у своєму житті, то відповіді були невпевнені та дуже простенькі. У групі було троє людей, які сказали, що в них на першому місці сім'я і часу на саморозвиток немає. Інша група людей сказала, що для них пріоритети - тільки матеріальні речі, тобто подорожі, харчування, робота тощо. Ось такі думки мала більша частина групи, і кожного можна зрозуміти, бо, як казав Роберт Кіосакі, котрого я вже згадував на початку цієї книги:

Люди частіше планують свою відпустку, ніж своє життя.

У пріоритетах все відповідно: на чому Ви робитимете акцент, того і досягатимете, тут все просто. Цій же групі людей, котрій задавали запитання, ми самі ще задали декілька запитань. У людей, котрі відповіли, що пріоритетом є сім'я, ми запитали про те, чи колись вони задумувались над тим, що будуть власниками підприємства або проекту. І коли проявляли себе ці думки? Відповіді були дуже схожі, чому ми не були здивовані. Я впевнений, Вам цікаво прочитати, що ж вони відповіли? Якщо так, то я розпишу детальніше відповіді представників кожної з груп людей, котрі прийшли на цей семінар.

Я звернув увагу, що відповіді були схожі майже в усіх групах. Вони сказали, що ці думки про те, що потрібно щось змінювати, з'являлись у них на роботі, і так тривало з дня на день, і час просто спливав. Як виявилось, ці люди, коли ще не мали сімей, також не вважали пріоритетом стати успішними, бо в них було хобі, на яке вони витрачали час, а на навчання часу залишалось мало. Ми зрозуміли, що люди шукають стіну, щоб заховатись за неї. Отже, люди з групи використовують прості виправдання для того, щоб сказати собі, що у них є щось інше, котре забирає час. Ось тут все чудово співпадає, бо час - це важіль можливості планування кожної хвилини.

Ми провели практичне заняття в аудиторії і попросили людей записати свої мрії. Темою семінару, який у нас проходив, були фінанси та саморозвиток. Тому люди були здивовані і питали: «А навіщо це потрібно? Я й так їх пам'ятаю». У відповідь я запитав: «Наскільки сильно Ви хочете змінитись і вдосконалитись?» Після чого пройшов шепіт залою і... всі активно почали записувати. Любий читачу, Ви також можете записати зараз всі мрії та цілі, котрих хотіли б досягти у цьому житті. Просто запишіть, а коли напишете, тільки тоді продовжуйте читати далі.

Минуло декілька хвилин, і ми отримали один коментар про те, що взагалі планувати легко, а надавати пріоритети дуже важко. Ми це питання притримали до того часу, доки кожен дописав свої мрії і бажання, і показали зразу, що ж потрібно робити, щоб це було просто.

Коли у всіх був аркуш із записаними цілями і мріями (у когось - і два, і три), ми почали розглядати все детально. Ми попросили людей вибрати зі списку і позначити цифрою 1 те, про що вони мріяли ще з дитинства, або ж кожного дня їхні думки були сконцентровані на цьому. Після деяких роздумів у всіх це вийшло досить просто, і ми почали працювати далі. Ми попросили позначити вже цифрою 2 те, що вони вважають для себе також важливим, але хочуть досягнути цього трошки пізніше. Так ми дійшли до 5-го розділу цього списку. І ось ми попросили тих, хто не дуже скромний і бажає розповісти усім про свої пріоритети, від першого до п'ятого, вийти до нас. Ми побачили багато піднятих рук і, звісно, кожен виходив і розповідав за списком про свої пріоритети дуже емоційно і впевнено. І після питання, чи, можливо, вони хочуть щось змінити в цьому списку, всі відповідали, що в жодному разі. Ми подякували тим, хто виступив, і сказали, що переходимо до наступного пункту пріоритетів. І всі присутні здивовано чекали наступного тесту. Але ми продовжили попередній. Тому, любий читачу, якщо Ви ще зберегли список, продовжуйте з нами. Ось ми маємо записані мрії та пріоритети, що ж можна ще додати? А все просто: давайте почнемо з першого пункту. Оберіть пріоритети під номером один і з боку мрії і пріоритету напишіть, що потрібно зробити, щоб досягти цього. Наприклад: мрія - автомобіль – пріоритет 1 - відкладати кошти – відкладати кошти з таких і з таких то активів - вартість автомобіля 50 000$ - плановий період накопичення – де зберігати накопичення – як їх примножувати, щоб пришвидшити купівлю. Ось це і є найпростіший план опису мрії з визначеним пріоритетом, після якого наш мозок активує цю схему дій і, звісно, починає її використовувати. Це те, про що ми говорили у попередньому розділі, а саме - що простіше доїхати з точки А в точку Б за наявності мапи або спеціального пристрою - навігатора. Власне тому ми описуємо ці шляхи до кожної мрії. Все просто в тому плані, що кожен пише свої індивідуальні методи, котрі більш доступні йому в житті, щоб досягнути мети. Маю також знайомих, що професійно займаються саморозвитком, котрі кожному індивідуально нічого не підбирають, а пишуть загальний шаблон. А це спричиняє те, що хтось може здійснити свою мрію, а у когось все так і залишитися на папері. Тому тільки Ви, індивідуально, собі записуєте цю мрію і самостійно розставляєте пріоритети і, звісно, самостійно будуєте шлях до її досягнення (мапу).

Авдиторії для цього заповнення потрібен був час, і ми почекали на кожного. Після чого люди, які казали, що це важко, надавали аргументи на кшталт: «А знаєте, це дуже цікаво, і я відкриваю очі на досягнення», або: «Це ж так просто зробити і дуже легко досягнути». Ми побачили, як у багатьох людей засвітились очі від щастя. Вони були в такому стані, ніби вже досягли цієї мрії.

Але на цьому ми ще не завершили будівництво нашої «мапи життєвих мрій». Тож продовжуємо далі. Тепер, коли ми вже маємо готових 70% заповненого плану пріоритетів, ми можемо сміливо записувати дату досягнення цієї мрій, починаючи з першої мрії і до останньої .У нас виходить такий формат досягнення мрій: *мрія – пріоритет - кроки виконання – дата досягнення.* Все просто, як і повинно бути. Ось в аудиторії виникло запитання, як точніше порахувати дату досягнення. Це можна зробити лише прогнозовано, за допомогою найперших підпунктів, які наштовхнуть на це, навіть за допомогою математичних підрахунків.

Розглянемо приклад:

Мрія: автомобіль – пріоритет 1 - відкладати кошти – заощаджувати кошти з таких і таких активів - вартість авто 50 000$ - плановий період накопичення – де зберігати накопичення – як їх примножувати, щоб пришвидшити купівлю. Вираховуємо середню суму, котру можемо відкласти, потім з реінвестуванням кладемо на депозит і отримуємо проценти від суми, додаємо суму, заощаджену кожного місяця, і вираховуємо період (наприклад, 4 роки потрібно, щоб досягнути мрії, і записуємо дату).

Як Ви помітили, я завжди кажу все просто, і зараз скажу так само. Все дуже просто, головне - щось робити, ось для досягнення мети, наприклад, головне створювати накопичення і примножувати кошти.

Багато хто скаже: «Ну, це вже, нарешті, все». Здебільшого, але я скажу, що є один з найважливіших пунктів прискорення - це пункт, який Ви записуєте собі самостійно, тобто те, що може посприяти пришвидшенню втілення мрії. Можливо, це дохід від бізнесу, можливо, це додатковий заробіток тощо. Він дуже важливий, саме тому необхідно, щоб Ви його помітили і, коли він з'явиться, залучили дохід від нього до шляху досягнення мрії.

Як ми думаємо про щось - добре чи погано - то так воно і станеться.

Це залишається основою досягнення моїх мети і мрій, і багато людей, котрі перейшли на таке планування, чимраз більше дивуються простоті виконання задуманого. Тому ми Вам подаємо з власного досвіду інформацію, котра підтверджена практикою. І вона дієва для кожного, хоча й індивідуальна за параметрами, бо ми з Вами всі різні, а цілі у нас схожі. Тому бажаю успіху в плануванні пріоритетів і досягненні чудових мрій, які принесуть Вам масу задоволення

І на завершення я вирішив запитати в аудиторії на практичному занятті, чи воно допомогло їм побачити щось нове. На що відповідь кожного присутнього була більше ніж позитивна. *Тому головне - бажання переводити в дії, і все буде добре.*

РОЗДІЛ 12

ГОЛОВНЕ ЩО НАДІЙНО

Нам багато доводилось чути про те, що є речі надійні, а є також і ненадійні. Хоча в загальному ми все розуміємо, і ці поняття досить широко використовуються в різних сферах нашого життя, ми припускаємося однієї великої помилки. Ми втрачаємо відчуття ризику саме тому, що у більшості ця надійність відбирає нові можливості і формує ту буденність, котра нас оточує. Саме тому, коли людина Вам говорить: «Все так дістало, все так одноманітно, буденно, хочеться чогось нового, такого, щоби було багато вражень», - будьте певні, ця людина живе у своїй зоні комфорту, куди навіть краплинка ризику не потрапляє.

Що ж більшість розуміє під словом «ризик»? Це настільки страшне слово, що велика частина бажає уникнути контакту з ним. Я і мій партнер по бізнесу Роман бачимо це так. Якщо справа ризикована, тоді вона несе в собі новий досвід, нові враження. І ми, коли обговорюємо впровадження нових маркетингових ходів з нашими маркетологами, чуємо від більшості з них слова: «О, це дуже ризикована справа, навіщо робити це, якщо продажі й так на хорошому рівні». Невже насправді так важко поєднувати ризиковану справу зі своїми думками? Більшість приймали рішення, виходячи з того, що на ці кроки у нашій компанії будуть потрібні нові кошти - для розвитку бізнесу і підняття його на вищий рівень, але ніхто не дивився навіть на те, що ми можемо отримати, ризикуючи такою сумою. Всі одночасно шукали негативу від цієї ситуації, котра виникла в процесі пошуку нових можливостей. А ми з Романом бачили те, що можемо втратити, і побачили ту сторону перспективи, котра була за лаштунками. Скільки ми не пробували донести до людей наші твердження, вони просто впирались і, як виявилось, це був страх нового - саме те, що ми описували декількома розділами вище. Страх нового не дозволяв ризикнути тим, що є, заради більшого. Ми з Романом довели справу до кінця і бачили, скільки ж ми отримуємо нових клієнтів, і скільки ми отримаємо нової практики, набуваючи досвід. Ризик нас не зупиняє, ми йдемо, просто рухаємось вперед. Навіщо тоді приймати рішення, якщо можна все залишити так як є? Тут співробітники мали рацію, бізнес буде працювати і приносити дохід. Та чи довго? Як компанія, котра не приймає рішення оновлення для споживачів, може витримувати конкуренцію? Як я описував раніше, компанія, яка не хотіла нічого змінювати, так і занепадала саме тому, що ринок розвивається дуже швидко, і *всі повинні розвиватись, а хто відстає, той не перший.* Ось так і в нашому з Вами житті: чим більше ми ризикуємо, тим більше досвіду і позитиву ми отримуємо. Так, справді, ми ризикуємо якоюсь частиною. Я завжди задаю собі запитання: «Заради чого я це роблю?», і коли в мене в голові вибудовується відповідь, я отримую чітку картину і бачу, що все, що я зроблю, мені принесе ось це і це. Якщо я вважатиму цю справу вдалою, тоді я просто завершу роздуми і візьмусь до справи.

Важливо після відповіді братись за справу: якщо Ви сказали собі, що це буде вигідно, тоді ризикуйте!

Чим довше Ви зволікаєте, тим більше втрачаєте мотивацію і запал зробити ризикований крок. Це дуже важливо - зробити все дуже швидко, щоб часу на інші думки просто не було. Часто люди запалюються, роблять розрахунки, кажуть, що це справді вигідно і чекають, чекають… День за днем минає, думки розвіються і, врешті-решт, просто зупиняються. Людина вже більше не сприймає позитивно дії, що повинні були б впливати на її майбутнє. Одним словом, ризик для неї стає невиправданим, або ж вона починає підказувати собі, що краще зробити це пізніше, тоді, можливо, і вийде щось. А зараз краще просто зачекати наступної нагоди. І так день за днем все минає, нічого не змінюється, і нагода, як не дивно, не трапляється. Тому якщо в перспективі виникає можливість ризикнути, то залежить від Вас - варто чи не варто це зробити. Тому не зволікайте, а робіть все спонтанно і відповідайте на адекватні пропозиції «так», байдуже, в бізнесі це чи в житті. Запитайте себе: «А чому б і ні?»

Наскільки це складно - сприймати ризик як новий шанс, нову можливість?

Важко сприймати все таким, яким воно є, і люди деякі речі роблять дуже складними, а деякі - простими. Але потрібно пам'ятати, що кожна людина – особистість, яка робить висновки, виходячи зі своїх бажань і свого досвіду. Тому коли люди кажуть Вам, що щось може не вийти, тоді вони говорять це, озираючись на себе. Можливо, для них це буде важке чи недосяжне, а для Вас це може бути простою і легкою роботою. Тому приймайте рішення самостійно, із власних відчуттів. Слухаючи думку інших і притримуючись її, Ви робите так, як вони, а Ви робіть по-своєму, підходьте творчо до нових справ, так, як Вам хочеться, і Ви тоді набудете для себе максимум досвіду з цієї справи. Творіть так, як вважаєте правильним, просто робіть те, що хочете, і не відходьте від задуманого, і все буде так, як повинно бути. Ризикуйте, досягайте успіху і творіть. На своєму концерті відома співачка з України Наталі Валевська сказала чудові слова: «Щоб не трапилось, тримайте хвіст пістолетом». Із будь-якої ситуації, будь-якого ризику в житті намагайтесь почерпнути максимум, і все у Вас буде чудово виходити. Дійте! Як казав хтось:

Щастя в бездіяльності немає.

Адекватне сприйняття ризику дуже необхідне в сучасному світі. Всі, що працюють, так би мовити, надійно, ризикують найбільше. Це чудово описує Роберт Кіосакі. Він розповідає, що коли Ви найманий працівник і підпорядковуєтесь законам компанії, то ризикуєте набагато більше, ніж власники бізнесу. Люди, працюючи на роботі, завдяки «надійності» беруть кредити і купують все необхідне за останні гроші, не підозрюючи, що гроші можуть не надходити, якщо їх просто звільнять з роботи. А якщо це відбувається, криза помітна зразу. Отже, робота виявилась потужними ризиком. Тому перш ніж дивитись на речі нібито й не ризиковані, спробуйте добре розібратись, наскільки вони надійні. Саме тому є необхідність в адекватному сприйнятті як ризиків, так і надійних на перший погляд справ. Знову повторюю, що саме Ви керуєте всім і саме Ви приймаєте рішення і тоді, коли кажете «так», і тоді, коли кажете «ні». Все просто і звично. Тому в наступному розділі розглянемо саме цю тему.

РОЗДІЛ 13

КОЛИ ГОВОРИШ « ТАК», ЖИТТЯ СТАЄ НАБАГАТО ЦІКАВІШИМ. ОПИШИ СВОЇ «ТАК»

Я впевнений, що Ви погодитесь, що незвично завжди говорити «так». Звісно, це важка справа, тим більше деколи цього і не дозволяють наші принципи і наше виховання. Так що ж зміниться, якщо ми спробуємо казати «так» можливостям? Як я вже казав, можливості з'являються постійно, а також зникають, якщо нічого не робити. Тоді уявімо, що кожен шанс, у чому би це не було - чи в кар'єрі, чи в сім'ї, чи у бізнесі, в колі друзів тощо, кожна пропозиція, котрі будуть прийняті, в будь-якому випадку щось змінять. Я з Вами погоджусь, якщо Ви скажете, що вони можуть змінити щось як на краще, так і не дуже. Для того, щоб зрозуміти корисність, нам завжди потрібен час, а дати відповідь деколи потрібно оперативно, бо якщо у Вас є бажання уникнути буденності, приймайте рішення з урахуванням того, чи будь-яка відповідь допоможе вам уникнути її. Якщо ж є бажання збільшення коштів, то коротко відповідаєте собі, чи нова можливість дозволить Вам отримати бажані кошти. Будь-яка пропозиція несе в собі щось, і це в будь-якому випадку, як я вже казав, вплине на Вас, головне – подивитись, скільки вона принесе Вам того, чого Ви бажаєте.

Наведу Вам приклад з власного життя. Мої можливості завжди приносили багато задоволення і я дуже мало це помічав. Але це справді було так! Кожна пропозиція була певною мірою ризикована, але коли я погоджувався, життя раптово ставало цікавим і насиченим. Тобто тоді, коли я прийняв рішення спробувати себе у мережевому маркетингу, я зробив крок із зони комфорту в зону невизначеності, і це в той час, коли інші відгукувались про мережевий маркетинг негативно. Я все ж вирішив, що це дозволить мені дізнатись більше. І справді, пройшовши курси навчання, я починав розуміти, що міг втратити. Саме там я засвоїв навички, які використовую і сьогодні, саме там я отримав те мислення, котре я десь глибоко в душі хотів би мати; я говорив з людьми, які досягли успіху в структурі маркетингу, а також мали власну справу. Тепер залишається розповісти Вам, як це все відбулось, бо така пропозиція була непомітна для мене спочатку, а з часом змінила моє ставлення до життя і змінювала мене. Тому примостіться зручніше і продовжуємо подорож у часі.

Все трапилось 2009 року, коли я працював у компанії Київстар, набував досвіду найманого працівника і при цьому відчував дискомфорт, адже хотів чогось більшого, ніж працювати на когось. Але це бажання досягти чогось більшого дозволило мені показати себе в компанії: я займав перше місце з продажів і підтримував його довгий час. Моє бажання робити щось краще за інших привело мене до цього, і в врешті-решт це дало свої плоди. Як я говорив, було кар'єрне зростання, але бажання бути незалежним не полишало мене, і я його тримався так міцно, що був готовий на будь-який крок (це я так думав). І ось минув час, і я відчував, що треба завершувати бавитись в суперпродавця і починати діяти якомога перспективніше. Але день за днем минав, а тут ще й коментарі друзів, що це все важко, нереально і не прибутково, - все це відкидало мене назад так сильно, що аж луна йшла. І справді, виходило так, що у словах рідних і близьких була критика, котра неминуче вела мене до їхнього способу життя, що мені взагалі не подобався. Правду кажуть:

Ваше оточення - це Ви.

І я справді думав, як мої батьки, працював, як мої друзі, заробляв в середньому, як вони, і я це почав розуміти лише тоді, коли почав займатись собою і розуміти, скільки часу було витрачено марно. Але все ж мої думки привели мене до бажаного. Мій шкільний товариш запросив мене відвідати спортивне тренування, і там запропонували спробувати мережевий маркетинг як додаткову роботу. Мої думки відштовхували і руйнували мої бажання просто в мене на очах, і ось ще б трохи, і я не пішов би на семінар з цього маркетингу, і хто знає, ким би я був зараз і наскільки би мене вистачило. І все ж, дякуючи моєму колезі Володимиру Попику, я відвідав цей семінар, і міф про те, що маркетинг працює як омана, був розвіяний. Оскільки я побачив прозорість цієї компанії, а згодом побачив, як інші компанії розвиваються, і структуризація в них однакова - розповсюдження інформації через людей. Це жива реклама, яка на сьогодні одна з найефективніших. Я пройшов повний курс навчання, одночасно читаючи книги і працюючи практично, і тут досвід і новизна буквально линули до мене. Спочатку була ейфорія від нової інформації (і справді, було настільки затишно, що я не міг собі просто уявити, що проста інформація може так сильно впливати на мене). Після цього етапу був етап занепаду і критики з боку мого оточення, бо вони просто не розуміли, що і як я роблю, і навіщо це мені. Коли я спробував їм пояснити, у більшості бажання почути мене не виникало. І ось минав день за днем, і початкові успіхи були досягнуті в маркетингу, навіть маленькі рекорди компанії приносили максимум досвіду. І як Ви думаєте, я в цей момент пожалкував, що сказав «так»? Якщо Ваша відповідь «ні», тоді Ви маєте рацію. Я почав свій максимальний розвиток саме з нього. І тепер використовую «так» саме тоді, коли лунає адекватна пропозиція чогось нового. Наприклад, мій партнер по бізнесу здивований тим, як часто я з ним погоджуюсь в корективах певних напрямків бізнесу. Він каже: «Ростик, ти найбільше довіряєш мені чи спонтанно так відповідаєш?» На що я відповідаю: «Я обдумую вигоду й новизну пропозиції, і втілюю. Я кажу «так», бо ти гарно запропонував і детально все продумав».

Чому люди не приймають вигідної пропозиції, яка надходить від Вас?

Багато людей не можуть зрозуміти це і запитують мене:

- Я ж розповів все так чітко, що сам в себе би купив продукт, а клієнт відмовив. Що робити в такій ситуації?

- Люди відмовляють у більшості саме тому, що не бачать вигоди для себе. Тому основою є не те, чи купили би Ви, а чи купить клієнт, тому підбирайте ключ до нього.

Я навів приклад того, як в мережевому маркетингу була ситуація, коли молодий амбіційний юнак не розумів, чому в нього не купують продукти. Він і справді працював якісно, але продавав не за бажанням клієнта, а за своїм, саме тому клієнт не бачив вигоди для себе і відмовлявся купувати продукт. Наша розмова вплинула на його результати досить ефективно, і дозволила ще мені нагадати правила відмов. З цього розділу ми бачимо, що клієнт має погодитись, сказавши просто: «Так, я беру». До чого це все? Ось саме тут є прихована інформація: уявіть собі, що Ви клієнт і повинні собі щось продати. Що б Ви для цього зробили? Якщо Ви знайшли відповідь, тоді переходимо до наступного. Вам і мені потрібно завжди казати «так» вигідним пропозиціям. Хіба це можливо? Моя відповідь: «Так!»

Можливо все, головне – підхід.

Що людина робить, коли купує товар? Спочатку шукає плюси товару, потім - де його можна використати, і потім купує. А якщо я скажу, що так можна чинити і з різноманітними пропозиціями?

Уявіть, що кожна пропозиція - це товар, який Ви можете купити чи не купити. Ви берете, примірюєте її на себе і думаєте, що ж вона вам принесе, і як тільки Ви знаходите задоволення більше 1-3 потреб у цій пропозиції, просто купуйте. Якою валютою? Валюта - це Ваша згода на пропозицію. Просто візьміть і скористайтесь тим, що Вам до вподоби, купіть собі таку можливість однією з найдорожчих валют суспільства, словом «так». Звісно, тут все залежить саме від Вас. Ваші дії приносять Вам задоволення, можливо, деякі, а можливо - усі. Тому дійте і створюйте нове, Ви цього варті! І прагніть! Саме тому моя концентрація була виключно на бажанні. Я знав: потрібно діяти. Мої дії приносили мені задоволення від осягненого. Все дуже просто!

РОЗДІЛ 14

АБО СКИГЛИТИ, АБО Ж ЗАРОБИТИ БІЛЬШЕ

Ви ніколи не звертали уваги на те, що люди скаржаться на заробітну плату, або ж на інші доходи? Так і я це чув від людей неодноразово. Ну що ж, давайте розкладемо все по поличках. Звісно, причиною таких скарг є гроші. Але ще однією важливою причиною є те, що люди витрачають час на те, щоб жалітись іншим на брак грошей, а не шукати виходу з ситуації шляхом збільшення власного доходу. Як це здійснити?

От уявіть собі людину, котра кожного вечора у родинному колі або ж у колі друзів починає скаржитись на брак грошей, і так триває регулярно, день за днем. А якщо порахувати час, затрачений у місяць на це скигління, ми в загальному побачимо чималенький загальний час. Цей час, який можна було використати на пошук додаткового доходу, люди просто спалюють, витрачаючи його на слова. Так давайте розглянемо, як це можна вирішити.

Час для мене найцінніший, і розподіл часу в мене не те щоби перетворився на звичку, а став немов одним цілим зі мною. Тому я завжди повинен бачити план своїх дій в тому порядку, в якому я його складав. А якщо я бачу, що десь формується вікно (є вільний час), я із задоволенням використаю його для саморозвитку, щоб це не було - читання книги, фізичні вправи тощо. І саме тому, коли я виділив час людині, зустрівшись з нею, пріоритетом є почерпнути щось корисне й нове. Я все більше переконуюсь, що це у більшості людей, які мають кілька бізнесових справ, є така звичка формування і розподілу часу. Люди з мого оточення постійно скаржились на одні й ті ж речі, але, як не дивно, від того зміни не відбувалися... Я зафіксував у пам'яті одну досить цікаву розмову, зараз Вам розповім.

Зустрілись ми одного разу зі співробітником із Київстару. Після важкого трудового дня ми пішли випити чаю і обговорити плани щодо кар'єри. Довго розмовляли на різні теми, одна з них варта Вашої уваги:

Колега почав розповідати, що в нього життя - від зарплати до зарплати, все розраховано до останньої копійки, це він вважає несправедливим, і йому потрібна більша платня, а винні в тому, що йому бракує грошей, всі ті, котрі його оточують на роботі. Коли я запитав його: «Скажи, будь ласка, а ти фіксуєш свої витрати?», - він відповів із посмішкою:

- Звісно ні, мені що, немає що робити?

- Ось ти кажеш, що грошей немає, а чи можеш детально сказати, на що і скільки ти витратив за день, і які видатки були найбільші?

Він сказав, що приблизно може сказати.

Приблизні результати просто непотрібні, бо неконкретні, вести облік згідно із ними неможливо. Хоча я робив перші кроки до успіху повільно, але витрати записував регулярно і керував ними як важелем, бо тоді бачив, що куди йде, враховував, чи саме так повинно бути. І я завжди почував і почуваю себе фінансово захищеним будь-яким капіталом. Тому моя рекомендація Вам: «Для початку просто зробіть так, щоб Ви приходили додому ввечері і записували собі в зошит витрати за день загальні, і підводили підсумок кожного місяця. Звісно, кожен це зробить так, як йому зручно. Я робив записи спочатку по-одному, практика ж їх вдосконалила. Як саме Ви заповните зошит, не вплине на результат, головне - ретельно фіксуйте витрати, щоб кожного дня це було як звичка. Після місяця часу, я гарантую, Ви будете приємно здивовані. Якщо до того Ви ще не вели власної бухгалтерії, то, по-перше, Ви здивуєтесь сумі витрат за місяць, а по-друге – звикнете і побачите, що це дуже просто.

Коли запитуєш у людей про їхні витрати за місяць, то дехто називає приблизну суму, а хтось навіть і не знає, скільки він витратив. Потрібно просто фіксувати видатки, щоб був прискіпливий контроль. Ви будете спостерігати, що витрати не такі страшні, коли їх контролюють. Що ж до мого колеги, з яким ми розмовляли після роботи, то він отримав пораду від мене, а саме:

1) Найнеобхідніше – здійснювати контроль витрат. Щоб зменшити витрати, необхідно їх контролювати, це дуже гарно впливає, адже людина, коли бачить, за що в неї «забирають» гроші, буде робити все необхідне, щоб зменшити ці суми.

2) Заощаджувати хоча б незначну суму, і нехай це також перейде в дуже надійну звичку, котра вже давно сформована в людей успішних і робить їх ще багатшими.

3) Збільшувати розмір суми, котра відкладається, підтримувати її в такому розмірі і жити на ту суму, яка залишається.

Ось ці прості, на перший погляд, правила можуть зробити з Вас людину, котра керує своїми фінансами, а не таку людину, котрою керують гроші. Подаруйте собі незалежне у фінансовому плані життя, зробивши незначні, на перший погляд, кроки.

Минув час, мій колега запропонував зустрітись, я погодився. Наша наступна зустріч була більш контрольована щодо теми, ми спілкувались про те, що мене цікавить, а потім перейшли на тему попередньої розмови. Я запитав, як справи щодо моїх порад. Відповідь мене шокувала:

Ти знаєш, це працює на всі 100 %, я і моя сім'я вже навіть звикли до того, щоб працювати за правилами.

Я здивовано запитав: «І сім'я також?»

Він розповів, що так сильно захопився, що аж рідні питали, чим це він займається, а коли побачили в цьому перспективу, то й самі почали дотримуватися моїх порад. І настав час, коли це перейшло в звичку. Колега, вочевидь після тривали роздумів, прокоментував це так:

- Ростик, я, не контролюючи витрат, не бачив, на що витрачаю найбільше, я думав, що витрачаю на все необхідне, а виявилось, що 30% витрат ідуть на непотрібні дрібниці. Я відмовився від цих витрат і почав відкладати частину, і мій гаманець почав наповнюватись.

Хоч я був упевнений, що якщо він дотримуватиметься правил, то буде приємно буде здивований, але такого сплеску позитивних емоцій і задоволення не чекав.

Кожен боїться зробити помилку та втратити фінансові заощадження. І різні класи людей по-своєму стараються їх приберегти. Хтось вкладає гроші з думкою про їхнє збереження, а саме - купує речі, побутову техніку, меблі тощо. Тобто він хоче зберегти капітал бодай якось, не підозрюючи того, що товар при купівлі вже знецінюється.

Інша частина середнього класу займається мінімальними накопичуваннями і примноженнями за різних умов, але більша частина грошей просто витрачається. Це, звісно, добре, що вони себе забезпечують і примножують частково кошти. Але часто буває, що нехтують правилами збереження капіталу.

А ось люди, котрі «зробили себе самі» (так я називаю людей з хорошим пасивним доходом і активами), ретельно притримуються правил розвитку і капіталовкладень. І тільки частина дозволяє витрачати не більше 50%. Але їх на 30 – 40% менше, ніж усіх людей. Що дозволяє їм примусити ці гроші працювати і отримувати ще більші прибутки? Це немов посадити рослину, котра кожного року дає плоди, і збирати їх, отримуючи плоди у вигляді нових грошових надходжень.

Саме тому час – це найдорожче, що в нас є, і використовуємо його цілеспрямовано.

Завжди, коли ми скаржимось на щось, ми витрачаємо час.

Тому просто використайте цей час на щось корисне, що допоможе уникнути цих скарг і зробить Вас позитивним і впевненим. Тому завжди дійте, якщо бажаєте бути успішним, і вважайте себе успішним, навіть якщо це зараз не так! Впевненість і усвідомлення того, чого Ви бажаєте, це чудові відчуття людини, котрі приведуть Вас, як і мене, до мети. Дійте!

Як Ви думаєте: люди, інвестуючи в предмети побуту, розраховують на те, що вони будуть їх годувати? (середній клас і нижче)

Як ми вже казали, люди, які бояться втратити гроші, міняють їх на предмети затишку, або ж комфорту, тобто купують речі, приказуючи, що «воно знадобиться, а гроші можуть знецінитись». Пригадуєте такі коментарі Ваших знайомих? Тут все просто: періоди втрат і знецінення грошей, що були в минулому, призвели до того, що люди бояться зберігати великі суми грошей. Звісно, це може здаватись досить банальним, але це так, і цього так просто не спекатись. Була ситуація, коли люди мого кола з середнім достатком досить вільно себе почували фінансово, мали бізнес, який приносив дохід і формував їм хороше майбутнє. Час минав, вони обзавелись віллою; можливо, це була мета, можливо - спонтанно вкладені гроші. Все було ніби добре: нова машина, будинок за містом. Здається, що ще потрібно? Бізнес працював успішно. Вдало придбали квартиру в центрі міста, досить елітну. Як ми з Вами розглядали попередньо, важливо інвестувати кошти навіть в прибуткову компанію, а саме - оновлювати все за новими технологіями, щоб вона тримались на плаву. І цей момент удосконалення бізнесу був проігнорований на процентів 80. Для мене не дивно, що у цих людей навіть був кредит, так, саме в людей, які мали ніби все, потреби постійно зростали, і щоб їх втілити в життя, потрібні були «свіжі» гроші, котрі, звісно, є в банку, і так просто можна їх отримати. І вони. з хорошими доходами і статусом хорошого середнього класу, взяли кредит.

Все було чудово до того прекрасного моменту, коли продажі зупинились (бо був не сезон), а кишенькові гроші, які були, поступово видавались на оплату працівникам і сплату податків, і ще додаткових послуг. Частину працівників через місяць довелось скоротити. Доходи надалі бажали кращого, почали терміново шукати кошти і продавати нерухомість, яка в них була, за смішною ціною, порівняно з ціною купівлі. Та ще й кредит за плечима і гроші закінчуються. Вся надія на клієнтів і на оборот від продажів. Минуло приблизно три тижні, і продажі знову розпочалися, частина робітників повернулась до своєї роботи, і бізнес помаленьку відновлював спроможність власників сплачувати кредит. Коли це все сталося, вони зрозуміли, що витрата коштів (з метою їх збереження) на нерухомість або інші речі для дому - це безглуздо, і тепер вони також використовують ось ці три правила фінансової стабільності, що ми з вами розглядали у попередніх розділах. Все дуже просто: діємо і все. Тепер ці бізнесмени розглядають, як можна розширити бізнес і додати нові послуги, про які в минулому навіть думати не хотіли. Ось це наочний приклад того, що сталося з людьми, котрі були впевнені, що великі гроші можуть зникнути, як це вже було колись, і не дали їм можливості працювати на них. Саме тому потрібно розглядати можливі варіанти інвестицій, що можуть Вам додатково приносити досить хороші суми пасивного доходу. Це дозволить протриматись у таких ситуаціях непередбаченого хаосу, котрий описано в попередній розповіді. ***Тому якщо збираєтесь щось створювати, спочатку подивіться, чи це стане Вашим хлібом у майбутньому.*** Це дуже важливо, бо люди купують шафу за останні гроші, або, що ще страшніше - в кредит, а коли звичний потік грошей припиняється, то відбувається фінансовий міні-апокаліпсис. Завжди запитуйте себе, скільки Ви зможете прожити комфортно без активної праці. Відповівши на це питання, Ви реально зможете побачити, що можете зробити вже сьогодні. Якщо ж Ви. помітили, що все не так весело, спробуйте прийняти рішення не завтра, а сьогодні, і розплануйте собі те, що зможе Вам допомогти у пошуку пасивного доходу. Власне концентрація й допоможе Вам знайти відповідь.

РОЗДІЛ 15

ЯКЩО ЗМІНЮЄТЕСЬ ВИ, ЗМІНЮЄТЬСЯ ВАШЕ ОТОЧЕННЯ

Неодноразово звучали фрази серед моїх знайомих, а також колег по бізнесу і просто людей зі структур маркетингу про те, що вони хочуть змінюватись і прикладають до цього максимум зусиль. Було б бажання, а головне - дотримуватись плану його реалізації. Дорога до мети стає важчою саме тоді, коли на «допомогу приходить оточення» - так, саме оточення починає реагувати на Вас. Коли людина, котру знаєш давно, починає поводити себе не так, як раніше (відкидає вчинки шаблонні), її починають не розуміти. І навіщо вона так активно щось хоче змінити? Були у Вас такі випадки, коли Ви щось хотіли зробити, і Вам казали: «Не роби цього, бо це, по-перше, нереально, а, по-друге, що люди скажуть?» Якщо було, тоді Ви на шляху до успіху.

Мене із самого початку не розуміла частина оточення. Коли я розповідав про те, що мене цікавило, вони реагували на мої бізнес-ідеї досить дивно, і далі продовжували спілкуватись на теми про автомобілі, політику і спорт. Звісно, я спочатку не розумів, чому так, чому вони не підтримують мене, але відповідь, яка прийшла до мене, відкрила мені очі.

Людина тебе підтримає впевнено, якщо вона займається або ж займалася схожими справами або бізнесом.

І саме тому я швиденько переключився на людей, які вже мають власні справи схожого типу і задоволені цим. Як Ви і здогадались, я знайшов із ними спільну мову і спілкувався повноцінно на ті теми, які я вважав пріоритетом для себе. Я побачив, як з часом відсіюються люди, що не готові до таких змін, через які проходжу я, і справді, я зазнав значних змін, вони мене витягли із зони комфорту настільки, що це дивувало мене; що ж до інших, то можна тільки здогадуватись, наскільки вони були здивовані і не готові до цього. Саме тому звинувачувати їх немає сенсу, вони далі живуть так, як жили, працюючи на державу, яку критикують, працюючи на роботах, які не приносять задоволення, постійно жаліючись і проводячи всі дні буденно, але вони до того звикли, це їхнє рідне. Ви можете вибрати, хочете Ви змінюватись чи ні, а життя минає, час летить. Так як Ви придбали цю книгу, можу сказати, що Ви амбіційна, впевнена в собі людина і шукаєте корисну інформацію, що дозволить Вам вийти з того оточення, яке у Вас було чи, можливо, ще є. Моя Вам порада: «Ніколи не зупиняйтесь, чуєте! Ніколи!» Шлях піднімання на вершину важкий, можна деколи скотитись назад, але з останніх сил прямуйте до вершини. Як казав один лідер зі структури маркетингу, Карел Свобода:

Підіймайся швидше на вершину, тут більше кисню і легше дихати.

Тому будьте готові, що коли Ви будете підійматись, не всі з Вашого оточення захочуть іти разом із Вами. Тому воно, Ваше оточення, буде зазнавати величезних змін: Дехто буде іти за Вами, а дехто навіть не думатиме, щоб покинути свою зону комфорту.

Тому просто дійте і рухайтеся вперед настільки, наскільки вистачить сили. Захочете здатись - скажіть собі, що здатись ніколи не пізно, а почати знову буде важче.

РОЗДІЛ 16

КОНТРОЛЬ НАД ПОМИЛКАМИ ФОРМУЄ ЛІДЕРІВ

Є ще одна важлива річ, яку потрібно контролювати на шляху до успіху. Із назви цього розділу Ви, напевно, зрозуміли, про що я. Так, саме помилки тримають нас і не дають змоги іти вперед, бо ми звикли (так кажуть лідери великих корпорацій в бізнесі), що помилки - це погано. Ще в школі, зробивши помилку, перед всім класом ми отримуємо негативну оцінку від вчительки і насмішки з боку однокласників. І це продовжується у вищих навчальних закладах, хоча там панує менш напружена, але все-таки схожа атмосфера... Сам пам'ятаю, що коли навчався в школі і робив помилки, то, побачивши реакцію однокласників і вчителя, просто не мав бажання дізнатись, в чому саме я зробив помилку, а більше переймався цим негативом зі сторони. У Вас були такі ситуації в школі? Якщо ваша відповідь «ні», тоді більшість може Вам позаздрити.

Давайте я опишу коротко, як це відбувається в бізнесі і як впливає на наше формування.

Звісно, розповім Вам історію з власного досвіду. Можливо, хтось володіє інформацією про торгові ринки, а саме Forex. Досить поширене використання цих ринків для спекулятивного заробітку. І я також вподобав його, а вподобав саме за те, що помилки, які виникають там, я аналізую і шукаю саме корисність укладання і розірвання угод за оптимальними цінами.

Знаєте, що я казав собі на початках? «Я це зроблю», - і впевнено торгував. Звісно, мене в школі чи в коледжі ніхто цьому не вчив, і я все почав вивчати з самісінького нуля. І розуміння того, що я повинен детально аналізувати ринок, а для цього потрібні практика і навички. Помилка за помилкою, переломні моменти, що примушували мене замислитись над тим, щоб закрити все і перестати цим займатись, але я завжди повторював собі просте правило:

Найбільша помилка в тому, що ми швидко здаємось. Інколи для тог, щоб досягти бажаного, просто потрібно спробувати ще один раз. © Томас Едісон

Я працював над собою так сильно і так виснажливо, як тільки міг, але деколи, після зробленої помилки автоматично вмикався режим захисту і виникало бажання просто припинити все. І завдяки цьому я тепер у бізнесі працюю з тим, щоб узяти верх, аж інколи сам собі дивуюсь. Були важкі періоди, які я ніколи не забуду, і помилки, що в цей момент виникали, примушували мене задумуватися, чому сталося саме так ? Чому я не зробив по-іншому? Чому б не спробувати ось це викинути з торгової системи, і ось це? І ось, відповівши на запитання (письмово), я зрозумів, що ці помилки були просто необхідні для досконалої торгівлі в майбутньому. Я отримав стільки нового за допомогою ринку і стільки сторін відкрив у собі, що зараз розвиваю і удосконалюю їх максимально.

Я робив висновки, не здавався, пробував і ще раз пробував, аналізував помилки, щоб в майбутньому їх уникати. І як не дивно, мої старання і наполегливість були нагороджені хорошими результатами у тій справі, котра приносила мені масу задоволення.

Щоб було б, якби я здався? Я проаналізував, скільки корисного пройшло б повз мене, які мої сторони були б незадіяні, скільки часу в майбутньому я міг втратити, якби не аналізував помилок і не брав із них корисне.

Тому я рекомендую Вам помилятись. Це звучить дивно, але помилки нас навчають бути сильнішими і впевненішими у майбутніх кроках. Пам'ятайте одне:

Помилка без детального аналізу її виникнення - це пустота, яка нічого Вам не дасть. Аналізуйте кожну помилку настільки детально, наскільки це можливо.

І Ви отримаєте те, що найцінніше для багатих, – досвід, який в майбутньому зробить Вас витривалішими і впевненішими. Не будьте, як більшість, будьте собою і досягайте вершин.

Я не один раз повторюю, що все просто, найголовніше - це погляд: як хто дивиться на речі, той так і отримує. Дивіться так просто на все, як тільки це можливо, і Ви побачите, що й справді навколо все дуже просте й досяжне, головне - це бажання і витримка кожного з нас.

Боятись помилок - це боятись удосконалювати себе.

РОЗДІЛ 17

УСПІХ ПЕРЕДАЄТЬСЯ ВІД ТИХ ЛЮДЕЙ, КОТРИМИ ВИ ЗАХОПЛЮЄТЕСЬ

Ще змалечку я був активним хлопчиком, якого питали: «Ким ти хочеш стати, коли виростеш?» І я, як більшість дітей, шаблонно перераховував найвідоміші та найцікавіші професії, хоча розумів, що це говорю не від душі, а так, щоб відчепились. Щось було в мені такого нестримного і запального, що я не міг всидіти на місці, де б це не було. З самого дитинства моїм пріоритетом була економія часу. Я не міг просто витрачати час на те, що я вважав пустим. І з віком я починав розуміти, що це дуже хороша звичка, котра дозволяє мені використовувати час не просто так, а з користю. Час минав, і я зрозумів, з кого брав приклад ще з дитинства, і це дає свої добрі результати. Звісно, цією людиною був мій батько-підприємець, який невтомно розвивався і був впевнений, що час, який він витрачає, дасть хороші результати. Ще малим я бачив, як він тяжко працює і робить все заради того, щоб досягти своєї мети і здійснення своїх планів. Які тільки виходи із ситуацій, що здавались нереальними, він не знаходив, і вони були настільки прості, що не вірилось, що вони допоможуть. Все відбувалось обдумано і було варте того, щоб інші брали приклад. І одним з тих людей, які хотіли бути такими, був я. Засвоював його звички і дотримувався їх виконання, а саме - бути наполегливим, цілеспрямованим, і вважати будь-яку ситуацію простою. Я успішно ріс, засвоюючи дещо свідомо, а дещо саме засвоювалось.

Час минав, я підростав і, влаштувавшись на першу роботу, отримав позитивні емоції, бо це було щось нове і, так би мовити, в подарунок отримав можливість витрачати час на задоволення чиїхось потреб. На початку це не було помітно, але час робив своє. І я твердо вирішив, що робота - це дохід для виживання. Почав формувати перші бізнес-проекти вже у віці 18 років. Ви запитаєте, а як вони зараз? Більшість з них нереалізовані, але частина усе ж таки й досі дає хороші плоди. Не буду відходити від теми і поясню, до чого я це все веду.

Як Ви зрозуміли з цього розділу, я вважаю своїм наставником батька. Хоча були моменти, коли я не розумів, навіщо він так багато працює, але з роками почав його розуміти. Що я порекомендую Вам? Звісно, рекомендувати брати приклад з батьків я не можу, бо це дуже індивідуально. Я собі задавав просте запитання: «Чи хочу я жити так, як ця людина?» І Ви, можливо, здивуєтесь, можливо, зрозумієте, але коли я відповідав собі: «Так, я хочу працювати і поводити себе так, як ця людина», - я діяв впевненіше і починав копіювати батькові дії. Звісно, якщо це робити раз на місяць, ефект буде, але не зразу. А так як час для мене був пріоритетом номер один, я робив все швидко і легко.

А серед Вашого оточення є люди - батьки, родичі, друзі - котрі живуть так, як би Ви хотіли жити ? Якщо є, тоді просто дійте, так як діють вони, робіть так, як роблять вони.

Результат покаже час.

Багато хто питав мене: «А Ви що, справді так все повторюєте? Ви встигаєте все копіювати?»

Я зразу кажу так: «Стоп, стоп. Нічого подібного не відбувається». Я задаю запитання: «Чи хочете Ви зробити людину, котра Вам приємна, своїм наставником? Якщо так, то дайте відповідь, чи всі звички цієї людини Вам приємні?» Більшість сказала, що ні. Також і я концентруюсь не на копіюванні всього підряд. А на тому, що вважаю для себе корисним і логічним.

Приклад:

Мені подобалось, як батько керує справами і дозволяє людям, які працюють на нього, бути успішними, бо й він стає успішнішим. Ось це один з тих позитивних прикладів, які б я хотів перейняти. Звичайно, у людей багато звичок, і є такі, що їх копіювати непотрібно, головне - логічно все осмислити і брати лише те, що Вам найбільше потрібно, і діяти. Основне, що може стримувати людину, це бездіяльність.

Був випадок при спілкуванні з жінкою досить хороших статків і з величеньким бізнесом. Коли тема зайшла про таке копіювання, я почув те, чого зовсім не очікував. Вона постійно розширювала бізнес по максимуму, просувала нерухомість на ринку дуже легко, робила все професійно і впевнено. Вас, напевно, цікавить, що ж тоді могло здивувати мене? Тут все дуже просто. Уявіть ситуацію, коли людина, котра досягла чогось і збудувала бізнес власноруч, брала приклад із бізнесмена-початківця. Я здивовано і з цікавістю почав питати, чому саме так. Чому вона, успішна й досвідчена, бере приклад з початківця? І відповідь її була більш ніж логічна.

- Знаєте, Ростиславе, все просто: я вже досить старий битий вовк, який просто немає вже того захоплення бізнесом, який був 10 років тому. Так, я створила бізнес, роблю його потужнішим, роблю просто комфортним для себе. А цей молодий енергійний юнак настільки захоплений початком справи, настільки емоційно впевнений в своїх діях і бажаннях, що я, подивившись на себе, помітила, що мені це потрібно також.

У неї, звісно, була звичка діяти, не дивлячись на перешкоди, і вона попросила юнака стати наставником у створенні бажання здійснювати бізнес. Відверто кажучи, це так повипливало на мене, що я почав переглядати ті бізнесові справи, від провадження котрих отримую найбільше позитивних емоцій та задоволення. І як виявилось, приємними для мене були ті справи, котрі я поєднував із творчістю.

Створивши щось нове, я просто був задоволений, що приніс у цей світ щось нове і корисне (як виявлялось за кількістю продажів). Ось тому рекомендую Вам робити кроки до успіху самостійно і впевнено, а також брати приклад із тих людей, котрі зараз є тими, ким Ви хочете бути у майбутньому. Як ми казали, в кожної людини є свої звички - корисні і не дуже, але ми можемо фільтрувати їх, вибирати те, що нам потрібне, і одержувати максимум корисної інформації.

Отримати все, що Ви захочете, це просто. Головне - це діяти. Дійте і просувайтесь вперед, помаленьку чи швидко - це залежить від Вас, але Ви досягнете свого, і як би банально не складалась будь-яка ситуація, орієнтуйтесь на мету. Я завдячую своїм наставникам хорошою дорогою в моєму житті і бажаю цього ж і Вам. У цій книзі я намагаюсь навести більше практичних прикладів і описати моменти з реального життя, щоб Ви відчули кожну деталь. І я впевнений, що так станеться. Ви, читачу, повністю можете розраховувати лише на одну людину, котра матиме вплив на Ваше життя, тобто на себе самого! Ви творець свого світу, тож давайте створимо цей світ, якого Ви прагнете. Я вам допоможу, а Ви творіть.

Час – дивна річ. Його так мало, коли запізнюєшся, і так багато, коли чекаєш.

У Вас хоча би раз виникало запитання, чому це так? Чому, коли так хочеш, щоб час зупинився, він ще швидше минає, а коли просто чекаєш, то щось він тягнеться так довго, що чекати інколи набридає. А коли я відповім, що це все програмуємо собі ми самі? А все-таки, як зробити так, щоб час працював на нас так, як ми хочемо?

Якщо Ви хочете, щоб час спливав повільніше у момент, приємний для Вас, тоді просто часто дивіться на годинник, спостерігайте, як пересуваються секундна та хвилинна стрілки, і Ви помітите, що не так вже й швидко він плине, як ви думали. Спробуйте це, скориставшись своїм досвідом як психолог із багаторічним стажем. А мною це перевірено.

А якщо ситуація протилежна, що ж робити тоді? Як пришвидшити час так, щоб він просто промайнув? Відповідь проста: задумайтесь про щось важливе для Вас, створіть якусь ідею у себе в голові і прокручуйте її. Наприклад, коли в нас зустріч співвласників, дехто затримується з різних причин. Я у цей час, замість того щоб злитись, просто роздумую над ідеями нових проектів, або просто додаю числа і перемножую, щоб працювати потім ефективніше.

До чого я веду? Все просто: коли є декілька активних бізнесових справ, можуть виникати стресові ситуації, як очікування завершення чогось. Приклад, наведений вище, можна називати по-різному, але коли зайнятий чимось, то на годинник не дивлюся, і коли приходять ті, що запізнились, то просто думаю, що розмова буде надалі ефективною, адже я в цей момент відчуваю себе комфортно, на відміну від тих, хто очікував з постійною думкою про те, що партнери запізнюються, і хіба ж так можна…

І це важливо робити для досягнення більшого успіху в тій справі, котрою Ви займаєтесь. В кожного є свої принципи, і кожен їх дотримується настільки, наскільки може. Спробуйте вищевказану методику, перевірену на практиці, і відчуєте, що те, що раніше Вам задавалось неможливим, а саме - контроль ситуації без емоцій - дозволить досягти в перемовинах більшого успіху. Нагадую, що, звісно, завжди є винятки.

Тепер давайте розглянемо, що ж корисного в очікуванні. У людей є багато незавершених думок, ідей. А коли ми очікуємо, ми концентруємось на часі й на людині, яка затримується (часто навіть хочемо її провчити). У Вас траплялося, що хтось запізнювався на зустріч із Вами? Було не зовсім зручно? Ось це відчуття дискомфорту створюється нашою уявою. А якщо ми з Вами в такій ситуації скеруємо наші думки в інше русло і скажемо: «Як чудово, що він запізнюється, є час розібратись в своїх думках». Все банально, просто й ефективно. Компанія з маркетингу, котра працює з клієнтами на зустрічах поза офісом, ще підкинула одну доволі ефективну ідею. Уявіть, що Ви маєте зустрітись з людиною для важливих перемовин. Домовились Ви з нею на 15:00. Уявили? Чудово, продовжуємо далі. Секрет полягає в тому, щоб уникнути стресу при очікуванні і взнати взагалі наміри людини щодо зустрічі з Вами. Потрібно зробити наступне: просто зателефонувати людині, з якою плануєте зустріч (послуги комунікацій зараз на високому рівні і доступні всім), і сказати наступне:

- Доброго дня, це такий-то, - тобто нагадати про себе. І додати, що Ви не встигаєте і затримаєтесь на 5 хв. Багато людей, які вивчали матеріали і консультувались зі мною, питали, чи він позитивно вплине на людину, отакий собі дзвіночок?

Насправді все просто. Людина отримала чітку інформацію, і Ви її попередили задовго до «спізнення», тобто апелювали до її почуття порядності. Якщо вважати, що це не спрацює, потрібно знайти варіанти, як зробити так, щоб воно спрацювало. Це нібито дивно, але дієво, чому підтвердженням є зростання кількості клієнтів у компаніях, а також і замовлень. Звісно, це не можна вважати законом контролю зустрічі, але позитивне враження залишиться.

Після семінару мені задали запитання: «Скажіть, ось ми зателефонували, сказали, що затримаємось. Чим нам це вигідно?» Я подякував за хороше запитання і сформулював відповідь, яка допомогла зрозуміти і розставити все в рядочок.

Так, Ви зателефонували, попередили про те, що затримаєтесь, а людина на другому кінці вашого телефонного з'єднання скаже: «Добре, дякую, що попередили». А Ви отримуєте зразу наступні плюси:

1) Ви побачите наміри людини (прийти чи не прийти на зустріч із Вами).

2) Ви отримаєте гарантію того, що людина не забула про Вас.

3) Якщо людина, з якою Ви контактуєте, доволі комунікабельна, тоді вона може чітко сказати, затримається вона чи ні.

Звісно, я і моя команда ніколи не даємо 100% гарантій, але практичний досвід дає своє.

І ще досить важливий момент: концентрація Ваших думок у час очікування партнерів по бізнесу, колег тощо, дозволить Вам виділяти більше часу для свого успіху і концентрації на ньому. *Кожна хвилина просто минає, проходить через нас, і не зупинити цього.*

Ми не можемо зробити так, щоб час зупинився, зате ми можемо зробити так, щоб кожна хвилина була вкладена у нас. ***Інвестиція в себе кожного разу, коли є декілька зайвих хвилинок, - реальна, якщо діяти.*** Для кого в житті важливий час, той мене зрозуміє.

РОЗДІЛ 18

ТАК ПОВИННО БУТИ

Ситуація ускладнюється. Впізнаєте? Якою б не була відповідь, ми з Вами знаємо, що ускладнювати все - це дуже просто, а от робити речі простішими чомусь так нам важко. Чому ми, формуючись у цьому світі і слухаючи інших людей, у більшості випадків чуємо про те, як все важко, як просто нереально щось зробити, або ж про те, що ця ситуація, мовляв, із розділу фантастики, і відтворити її в реальному світі - то, взагалі, ідея людей, що мислять нетверезо, і ще багато інших коментарів, які здатні ускладнити будь-яку, навіть найпростішу, ситуацію.

Вам траплялось у житті саме таке? Мені теж. Тоді давайте поміркуємо. Описати все в повному обсязі, звісно, не вдасться. Якщо спитаєте, чому саме, то відкрию Вам таємницю: книга запланована на певну кількість сторінок, і мені хочеться донести до читача, тобто до Вас, ще багато інформації, тому і опишу стисло. Але це дрібниці, спробуємо описати стисло, але щоб враження було, як від детального опису, ми це з Вами вміли ще у попередніх розділах. Тепер ось наче трошки затримались... Продовжуємо наші спостереження і формування успішності власної особи.

То чому ж усі ускладнюють ситуацію і так перебільшують її важливість в реальному житті? Якщо Ви підказуєте мені, що ними керують страх, емоційний стан, попередній негативний досвід, тоді я з Вами повністю погоджуюсь. Саме ці фактори, і ще частина незначних інших факторів, впливають на наше бачення різних ситуацій. Хоча наш вік інформації розвивається невпинно, і людина щораз зменшує своє навантаження, довіряючи виконання власної праці техніці, роботам тощо, але пошук простих рішень залежить від того, який у людини перший погляд на ситуацію.

Далі я розповім одну цікаву життєву історію, що принесла мені масу досвіду і сприяла успіхові моїх починань. Що потрібно, щоб стати кращим за інших? Якщо Ваша відповідь: «Не робити те, що роблять інші», - то Ви маєте рацію. Саме так, Ви повинні робити все інакше, по-іншому підходити до справи. Якщо ви працівник компанії або ж її власник, Ви обмежені рамками, які створили Вам, або ж і Ви самі. Коли Ви працюєте в колективі, всі зважають на ці рамки і в їхніх межах виконують певні дії. Вам потрібно, не виходячи за рамки встановленого, робити все по-іншому. Ви можете поспостерігати за собою і помітити, що з першого разу може і не бути результату, і з другого, і з третього, але повірте - ще трошки, ще трошки, і Ви знайдете цю золоту середину, головне - дотримуватись правила успіху, тобто діяти. Ось ми й дійшли до того, що ускладнюємо ситуацію.

Коли я працював на компанію і займався розповсюдженням послуг компанії (продавав), я все чітко розумів. Я був упевнений, що інші діють так, як вони собі вважають за потрібне, і мають ті результати, які мають. Я, звісно, не відкидав навчання на помилках інших, а також намагався перейняти собі позитивний досвід. Але час минав, це все накопичувалось і додалось до мого власного досвіду. Я сягнув того рівня, коли результати стали майже недосяжними для інших, а для мене були вони не такі вже й значні. І потрібні терпіння і віра в те, що тут все просто, головне – розібратись, і тоді все піде як по маслу (це народний вираз, який мені подобається). Ви запитаєте, що ж було потім. Я далі вдосконалював свої можливості і показував результати на стабільно високому рівні. І ось минув час, люди, які працюють стандартно, так і залишаються у цій зоні комфорту, а ось люди, які хотіли постійно досягати успіху і стати кращими, не вірили, що це реально, але пробували робити все можливе, щоб показувати саме такий рівень за допомогою моїх підходів до цієї справи. Найцікавіше відбулось, коли я зустрів в офісі хлопця, котрий ладен був заплатити мені гроші, щоб я йому розповів, як це робиться. Я й сам мало усвідомлював, як це в мене виходить, і сказав йому, що я просто вірю в те, що це просто. Його реакцією був здивований погляд і посмішка на обличчі. Всі шукають секрет успіху, дуже ускладнюючи пошуки, напевно, це звичка. І ось він каже: «Ростик, ти ж розумієш, що говориш про нереальні речі?» Моє зустрічне запитання: «Що ти маєш на увазі?»

Він приховав посміш і почав роз'яснювати свою думку:

- Ти хочеш сказати, що якщо я буду думати, що продавати просто, то будь-який клієнт, з яким я працюватиму, стане моїм?

- Так, - відповів я.

- Ти ж розумієш, що нереально - так просто взяти і вирішити цю справу. В тебе в будь-якому випадку є підхід до клієнта, з якимись козирями. Я правильно кажу?

- Звісно, що є козирі, я про них тобі намагаюсь розповідати.

Він сумно подивився і спробував зрозуміти, запитуючи:

- Ось, наприклад, наша група працює за такими схемами і створює кількість продажів, яку ти сам здійснюєш.

- Скажи, будь ласка, а ти і твоя команда якими вважають продажі - простими чи складними? - запитав я.

- Звісно, що складними, що там простого? Клієнти не хочуть купувати, як не крути, всі вже мають вдосталь послуг, а ті, що не мають, самі не знають, чого хочуть - тут все дуже складно. Тому я багато часу приділяють пошуку нової роботи, адже плани ростуть, продажі падають, а сім'я їсти хоче.

- Це і є твоє ставлення до справи. Ти помітив, що як ставився до продажів колись, так ставишся і тепер? Скажу тобі одне, що де б ти не працював, ти копіюєш усіх і зараз хочеш копіювати мене, а ти повинен сам знайти той підхід, котрий дозволить тобі перевершити мене і весь колектив. Дотримуйся простих правил, яких дотримуюсь я. Записуй, чому клієнт сказав «так» і чому сказав «ні». А після цього напиши собі свій сценарій підходу, виходячи з цієї інформації, і повторюй його доти, доки не виробиш із себе ідеальну машину для продажів. Моя відповідь тоді, коли я пробував самоудосконалюватися, була лише порадою на підставі власної практики та простоти сприйняття речей. Все приходить з досвідом і настає той час, коли потрібно приймати рішення. Хлопець подякував мені за пораду і через деякий час все-таки звільнився з компанії, маючи так багато досвіду, що й сам не підозрював.

Під час нашої наступної зустрічі я був здивований, бо він просто сяяв від щастя і розповів те, що я був готовий почути. Він обійняв посаду, котра дає добрі прибутки, і то при конкуренції в 100 чоловік, а він же був новеньким. Коли я його запитав: «А як це у тебе вийшло?», - то почув у відповідь:

- Я просто робив не так, як усі роблять. Я зрозумів те, що якщо робитиму так, як усі, відповідно буду мати шанси на ріст такі, як і всі.

- І як тобі зараз продажі? - запитав я.

- Компанія схожа до нашої, і послуги схожі, але я тепер бачу все більш відкритим, ніж раніше. Я бачу ті місця, які просто можна відрити, і тих клієнтів, з якими можна домовитись.

Я був радий, що він задоволений тим шляхом до успіху, котрий створив собі сам, і завдяки своєму перефразуванню думок він бачить тепер все «простими очима». Ускладнювати життя – найпростіше, інколи це відбувається навіть через лінощі. Так ми ускладнюємо лінощами більшість простих справ, розтягуючи їх, не дотримуючись планування часу, відволікаючись.

Де б Ви не проводили діяльність – вдома чи в офісі, бізнес це чи мережевий маркетинг - *завжди спрощуйте завдання і робіть так, як не роблять інші, і отримаєте те, чого інші не мають*. Закон простий і дієвий, головне - скажіть собі: «Це просто!» Скажіть собі, що так повинно бути, і дійте.

РОЗДІЛ 19

НАЙВАЖЧА БИТВА – ЦЕ КОЛИ ЗА ЩАСТЯ ДОВОДИТЬСЯ БОРОТИСЯ З ЛІНОЩАМИ.

© Романів Ростислав

Мені доводилось боротись з лінощами і, хоч у це й важко повірити, але наша битва триває.

«Чому потрібно відкинути лінощі? Чому так необхідно бути уважним до своїх справ і не відволіктись навіть тоді, коли часу вдосталь? А якщо мені лінь допомагає зосередитись?» - ось такі запитання найчастіше я чую на семінарах, і коли їх задають, я чудово розумію, навіщо люди мене про це запитують. Такий собі своєрідний захист лінощів і виявлення їх корисних сторін.

Вас, напевно, цікавлять відповіді на ці запитання? Якщо так, тоді будьте готові їх почути у трошки нестандартній формі.

Щоб відповісти на перше запитання, проведемо маленький експеримент. Слухачі беруть аркуші та записують текст, який спроектує на екран мій помічник, і по команді частина людей повинна зупинитись (попередньо ми вказали, хто саме повинен зупинитись). Текст невеликий за обсягом, а переможе той, хто напише текст швидше від усіх. Ось ми розпочинаємо, аудиторія схвильована і частково напружена в очікуванні старту. Дехто просто сидить і не знає, що буде відбуватись, дехто пробує повністю контролювати ситуацію. А ці відвідувачі семінару, котрі отримали право на перепочинок за сигналом, збентежені тим, що вони не переможуть. Коли все було підготовлено, люди осередились, помічник дав сигнал розпочинати, відкриваючи текст на проекторі.

І тут тишу порушив шум, всі активно почали записувати і намагалися будь-що випередити сусіда, вирватись уперед. Час повільно минав, і помічник зупинив заздалегідь визначених людей проханням відкласти ручку на 15 секунд. Вони відклали ручки і просто очікували, бажаючи якнайшвидше долучитися до тих, хто пише без перепочинку. І ось настав очікуваний час, помічник дав дозвіл продовжувати писати текст. Зразу ж почали писати, і вже на обличчях знову було видно азарт, прагнення перемоги. Тут підіймає руку учасник, який не зупинявся, і повідомляє, що весь текст він вже переписав.

Наша перевірка не виявила у нього помилок і підтвердила, що він перший дійшов до цілі. Звісно, ми вручили йому маленьку нагороду, і в цей момент почали здіймати галас ті люди, котрі були змушені зупинитись на 15 секунд. Вони казали, що їм залишилось зовсім небагато переписувати до кінця тексту, і якби не ці 15 секунд, перемога була б за ними. Обуренню не було меж, почався хаос в аудиторії.

Ви тепер розумієте, чому я на початку сказав, що відповіді будуть нестандартними? А що за цим ховається? Коли я вийшов до аудиторії, подякував всім за участь і сказав, що очікував саме такої реакції аудиторії, багато людей вигукували: «Як це так - очікували?» На що я відповів: «Все просто, ми наперед вибрали тих людей, котрі змушені будуть зупинитись під час писання, щоб продемонструвати наочну відповідь на перше і друге запитання, що надходили від Вас:

1) Чому потрібно відкинути лінощі?

2) Чому так необхідно бути уважним до своїх справ і не відволікатись, навіть якщо часу достатньо?

Давайте перенесемо це на бізнес. Уявімо, що Ви працюєте у бізнесі, конкурентів дуже багато, і крок назад чи вперед може виштовхнути Вас (або конкурентів) в сторону і дозволити керувати більшою частиною ринку. Реакція на цей тест тих, хто не досягнув поставленої мети, звісно, обурлива, а ті, що зуміли вибороти першість, стають на його захист. Саме лінощі зупиняють нас, керуючи нами, саме через них ми інколи не можемо чогось зробити і переносимо на завтра. І завжди потрібно зрозуміти, що в якій би галузі Ви не працювали, постійно потрібно робити все по максиму, чи це Ви на роботі робите кар'єру, чи це конкурентний бізнес, чи це вдала праця з іншою метою. Постійна зосередженість дозволить Вам отримати по максимуму від справ і впевненість в тому, що Ви нарівні з конкурентами, або ж на крок попереду».

Присутні в аудиторії почали приємно всміхатись, їм сподобався проведений експеримент. Один чоловік підійнявся і сказав: «Справді, я ніколи не задумувався над тим, коли казав, що сьогодні відпочину, а завтра завершу роботу. Але є люди, які роблять те саме, що і я, тож коли вони це зроблять, тоді завтра зроблять набагато більше, а мене просто відкинуть назад, і мені доведеться все наздоганяти і переносити, оскільки в мене це ввійшло у звичку. І я вже зрозумів, чому мої колеги просуваються у кар'єрі і не реагують на насмішки тих людей, які залишаються позаду. (А насмішки - на кшталт: "Він ненормальний. Як можна стільки працювати ? Навіщо аж так, понад силу?") Тепер я зрозумів, що потрібно використовувати кожен момент, тому що конкуренти поряд і тільки чекають, коли ти зупинишся!» Він подякував аудиторії і нам. Всі дуже емоційно почали аплодувати йому, дехто навіть встав, щоб підтримати цього чоловіка.

Я вважаю це чудовим прикладом того, що людина все зрозуміла саме так, як було нами передбачено. Такі експерименти відкривають більшості людей очі на їхні вчинки і примушують замислитись над діями в майбутньому. Ми запитали, чи всі побачили важливість концентрації над завершенням справи? Прозвучало одноголосно: «Так!»

І ми з Вами, любий читачу, повинні простувати до мети, розуміючи при цьому, що в той час, коли ми лінуємося, хтось інший (а це може бути конкурент) працюватиме на всі 100%. Тому чи варто, коли щось робите або плануєте робити, переносити виконання на завтра, на післязавтра ? Чи краще почати вже сьогодні і просто зараз робити те, про що Ви мрієте, те, чого Ви ще не удосконалили? Звісно, вирішувати тільки Вам. Але пам'ятайте: хтось інший в цей час щось робить і здобуває для себе бажане.

Щодо третього запитання, котре прозвучало з аудиторії: «А якщо мені лінощі допомагають зосередитись»? Я зрозумів запитання, і воно полягало в тому, що людина вирішила відпочити і обдумати все, що назбиралось. Ми з колегами зразу не відповіли залі, а вирішили відповідь продемонструвати за допомогою маленького експерименту. Ми запросили бажаючих на середину авдиторії і попросили взяти підручники, котрі ми для них підготували. Люди із зали були знову здивовані і одночасно хотіли зрозуміти, що ж зараз відбудеться. А хвилювання учасників не було помітно. Після того, як кожен узяв у руки книгу, ми попросили підняти книгу однією рукою на рівень плеча і тримати доти, доки вони зможуть. Дозволялось опустити руку тому, хто виснажився і хоче перепочити (в цей момент фіксувався час і відновлювався його відлік після того, як учасник знову підіймав книгу). В експерименті взяло участь 5 людей. Книга була досить товста і важка. Минула хвилина, півтори, вже на другій хвилині виявилися бажаючі перепочити, їх було двоє. Інші три учасники не здаючись тримали книгу. Перепочивши, двоє учасників відновили боротьбу і втримували книгу, втративши приблизно по 30 секунд. Час минав і, як виявилось, ці учасники, які спочатку просили перепочинку, вибувають з експерименту швидше за тих, хто тримав без перепочинку. Можна було проводити експеримент далі, але молоді парубки у добрій фізичній формі тримали книги і не збирались здаватись. Тому ми вирішили його припинити і оголосили їх переможцями. Після вручення призів я запитав: «А ви не хотіли перепочити?» На що почув у відповідь: «Біля мене був конкурент і збоку стояли люди, які вже майже здались, це мене мотивувало продовжувати далі». Інший учасник відповів так само.

Із зали почали вигукувати: «Та ж подивіться, в якій хлопці формі. А їхні конкуренти? Ви ж бачите, наскільки хлопці у формі?» І справді, різниця була, адже хлопці - спортивні, а інші учасники худіші або повніші. Коли ми перевели цей експеримент у царину бізнесу і показали людям, як він там працює, то аудиторія вдруге була безмежно здивована. Що ж ми порівнювали ? Давайте вам розповім.

Ми розповіли про те, що є різні види бізнесу і різні сфери обслуговування тощо. Є різні учасники в бізнесі, є вже, як кажуть, «биті вовки», а є новачки, які тільки-но входять в ринок. Мета в усіх одна: розвинути бізнес до хорошого рівня доходу і скерувати його так, щоб самому проводити час у своє задоволення. Звісно, що й при проведенні експерименту «биті вовки» мають більший досвід, а новачки мають бажання і набираються досвіду. Саме тому ми побачили, що завжди потрібно удосконалюватись. При проведенні експерименту ми не обмежували час, протягом якого потрібно було тримати книжки; так і в житті – часу у Вас багато. І тут так, як в експерименті: хтось зупинявся 3 рази, хтось 2 рази і втрачав на цьому час; так і в житті - кожна зупинка віддаляє нас від досягнення цілі.

Тому, коли конкуренти відпочивають, Ви повинні працювати ще більше й ефективніше. Якщо, звісно, Ви прагнете стати незалежним фінансово і у майбутньому приділяти час своїм улюбленим справам.

Наприклад, я люблю подорожувати, і мій бізнес був делегований і приносить мені пасивний дохід, що дозволяє реалізовувати мої бажання та мрії. Саме так і багато хто з інших успішних людей створює і потім отримує пасивні доходи. Так що стримує Вас? Якщо Ви відповіли, що нічого, тоді просто дійте, дійте так, як самі бажаєте. Тому що бажання і мрії підкажуть Вам правильну стежку для досягнення того, що Вам найнеобхідніше.

Хочете грошей? Будете мати гроші! Хочете здоров'я? Будете мати здоров'я! Хочете душевного спокою? Будете мати душевний спокій! Чого б Ви не хотіли, якщо це бажання дуже сильне, повірте, Ви знайдете ті інструменти, які Вам допоможуть цього досягти.

РОЗДІЛ 20

ЛЮДИНА, КОТРА РОБИТЬ ЗІ СВОЇХ ПОМИЛОК ПРАВИЛЬНІ ВИСНОВКИ, СЬОГОДНІ НА РІВЕНЬ МУДРІША, НІЖ УЧОРА.

Народившись у чималенькому історичному місті Львові, я спостерігав, як люди працюють, як вони люблять своє місто й дбають про нього. Я бачив людей, котрі займались підприємницькою діяльністю і відкривали затишні ресторанчики і кав'ярні, що прикрашали місто. Звісно, у дитинстві я робив помилки, які не міг проаналізувати, а, можливо, й не хотів чи не вважав це помилкою, та коли підріс, більше б такого не скоїв. Веду до того, що з часом наша свідомість стає більш відкритою, а наші рішення – більш обдуманими. Траплялося в дитинстві, що я чимось попікся чи змерз, ось тоді вже вмикався фільтр корисних і некорисних справ. Зараз я бачу, як важливо аналізувати помилки, щоб брати з них максимум корисного і не повторювати того, що спричинило цю помилку. Звісно, я і тепер можу один раз помилитись і проаналізувати все не до кінця, і помилитися вдруге, як і першого разу. Це буває рідко, але це правда. Я намагаюсь удосконалювати хороші результати, а помилки просто викреслити, і мені з кожним разом це вдається краще й краще.

Тим, що я досягнув успіху, завдячую, насамперед, батькові. А також звичці все аналізувати, байдуже – на добре вийшло чи на зле. Аналізувати потрібно все, повністю.

Розповім про людину, котра досягла успіху саме завдяки тому, що проводила аналіз кожного моменту свого життя. Так, це складно. А для нього - це просто звичка (він деколи жартує і каже, що це - як увімкнути світло: просто і звично). Йому були потрібні роки, щоб досягнути такого рівня, і він їм, цим рокам, вдячний. Коли ми з ним зустрічались, він коротко описував те, що його призвело до успіху, власне, аналізував своє минуле. У дитинстві у нього не було багато грошей, а коли з'являлись, він вправно їх оберігав від витрат. Завжди старався кошти розподілити так, що б йому було достатньо для школи, та ще й залишилось в скарбничці. Цю схильність до заощадження йому передала бабуся, з якою він проводив багато часу в дитинстві. Не вдаючись в подробиці, розповім, як це йому допомогло в майбутньому.

Перші заощадження стали йому в пригоді, коли він пішов працювати на свою першу роботу. Коли його колеги отримували гроші і просто успішно все витрачали, то він лише поповнював свої заощадження. Коли він мені це розповідав, то зізнався, що спочатку ніби й не дуже-то й прагнув заощаджувати, але вже після третього місяця роботи він почав стабільно платити собі. «Платити собі» - це відкладати кошти і не витрачати їх на дрібнички, які не є необхідними.

Вже наступні зарплати, які він отримував, свідомо розподіляв, враховуючи й те, що потрібно відкласти. Як і в більшості людей, у нього виникла проблема: із зростанням прибутків одночасно зростали й витрати (у нього – на продукти). Раніше він не звертав уваги, яка вартість якоїсь послуги чи купівлі найнеобхідніших речей, а після того, як влаштувався на роботу, зауважив, що його гроші осідають в кишенях підприємців з великою швидкістю.

Мені цілком знайома ситуація, та й чув неодноразово, як успішні та багаті люди розповідали про те, що в людини є така підсвідома програма, котра при збільшенні доходів збільшує видатки. Чоловік розповів мені, що саме його врятувало від збільшення витрат. Це було фіксування витрат по-новому. Так він почав фіксувати витрати не щотижня і не щомісяця, не приблизні, а кожного дня і якомога точніше. Минув місяць, другий, і ось саме тоді він, коли приходив з роботи, відчував, що його просто тягне до зошита із записами витрат. Невдовзі він звик до цього, і через два місяці записи вів, можна сказати, автоматично і з великим натхненням. Що було зрозумілим, адже він поставив собі за мету використовувати кожного наступного місяця менше грошей. Він розповів, що сума витрат зменшувалась впродовж майже 1 року, поки він не покинув роботу і знайшов іншу, котра краще оплачувалась. Витрати зростали автоматично. Хоча він провадив детальний облік, та бажання перевершували сподівання. І ось і тут він знайшов комфортний вихід: продовжував записувати витрати, одночасно постановивши їх обмежувати. Саме обмежувати витрати найважче, але він у той момент вірив, що звикне, і його віра не була марною. На підставі записів за багато місяців він вирахував середньомісячні витрати і записав суму, котру міг дозволити собі витратити. Я запитав, що ж він робить у випадках, коли витрати більші за визначений ліміт? Він посміхнувся і попередив, що я можу не повірити, бо витративши більше грошей, ніж належить, він нічого не знімав із рахунків і не позичав грошей, просто зовсім припиняв робити витрати. Я запитав: «А як робота? Як із харчуванням?» Відповідь його мене трохи шокувала. До місця праці він добирався транспортом, а коли він перевищував ліміт, тоді ходив пішки; харчувався виключно їжею, котру зготував собі і брав із дому, і так тривало максимум 5 днів. У ці дні він не міг нічого потратити. І це так вплинуло на подальші витрати, що пізніше він кожного місяця ще отримував на рахунок надлишки від грошей, котрі виділяв на місяць.

Ви мабуть помітили, любий читачу, що всі його звички щодо грошей були засвоєні так міцно, що все спрацьовувало автоматично.

Коли його колеги скаржились на державу, сплачували кредити і позичали гроші, у нього за спиною були міцні звички і хороші накопичення, що постійно збільшувались. Він також розумів, що витратити на дрібничку накопичення, які він здійснював роками, це ніби набити самого себе. Але кількість грошей збільшувалась, і постала інша проблема - як ефективніше примусити їх працювати? Цей механізм Він удосконалює ще й донині і, як я спостерігаю, отримує максимальне задоволення. Відверто кажучи, ним можна захоплюватись. Така наполегливість властива не кожному, і такі звички також, тут потрібно розвиватись і ставити собі умови (звісно, корисні та логічно обдумані). Зараз досить поширені послуги фінансових консультантів, які складають фінансові плани і розвивають сімейні гроші досить прибутковим способом. Також вони допомагають вийти з різних ситуацій, фінансових пасток і створити режим економії у сім'ї.

Що Вам більше до вподоби:
1) Зберегти гроші від витрат?
2) Із приємністю витрачати гроші?

Відповідаючи на ці запитання, поверніться думками в минуле. Як у Вас це відбувалось? Якщо Ви не можете визначитись, або ж відповідаєте «приємно витрачати», то тут потрібно зосередитись на тих пунктах, через які пройшов мій знайомий. Давайте випишемо їх у стовпчик:

1) *Формуємо звичку відкладати (чим більше - тим краще).*

2) *Починаємо фіксувати свої витрати.*

3) *Ставимо ліміти на витрати, відштовхуючись від середніх даних, які ми отримали з фіксації витрат помісячно.*

4) *Доводимо витрати до рівня, коли вони стають меншими за ліміти, які Ви собі виставите самостійно.*

5) *Шукаємо, куди вкласти гроші, щоб вони давали прибуток.*

Є багато ризикованих і не дуже ризикованих інвестицій, цікавтесь. Ми коротко розглянули цю інформацію в попередніх розділах, але у наш час інформація накопичується на очах і з'являється багато нових можливостей. Безумовно, всі Вам непотрібні, але більшість вивчайте. Це дозволить краще розумітися на майбутніх прибутках.

Мені частенько задають запитання, чому ж ставлю інвестування на сам кінець, п'ятим пунктом. Я чудово розумію, що люди готові з самого початку вивчати інвестиції, адже саме там гроші працюють. Для тих, хто починає формувати своє фінансове майбутнє, я рекомендую для початку обрати портфель з банків. Так, все правильно, портфель з банків, тому що цей вид інвестицій допоможе зберегти кошти і покрити зміни ціни валюти на ринку. Це коригування для тих, хто тільки стартує у світ інвестицій і пробує отримувати хоч якісь прибутки.

Пам'ятайте: інвестувати гроші можна завжди, а повернути – ні.

Саме тому я рекомендую обрати декілька банків, щоб у разі непередбаченої ситуації з одним в інших гроші залишились. Саме так і підходять до різних інвестицій в різні сфери бізнесу. Кожен бізнесмен знає, що інвестувати в один проект всі гроші - дуже ризиковано, як би привабливо він не виглядав.

Звісно, банки банками, а у Вас виникає запитання, що ж робити тим, хто вже тримає гроші в банку і хоче чогось нового? Головна порада: сконцентруйтесь на інвестиціях, і інформація про інвестування буде текти рікою. Можливо, хтось із близьких порекомендує щось хороше, можливо, хтось із далеких знайомих, яких Ви зустрінете, можливо, співробітники. Найголовніше - це думати про інвестиції, і будете отримувати про них максимум інформації. Це схоже на реалізацію думок у книзі Алана Піза. Він там чудово розповідає про те, як хотів навчитись літати на вертольоті і думав про це частенько. І, як Ви здогадались, інформація просто линула до нього від друзів і знайомих. І так було в багатьох випадках: те, чому він раніше не приділяв увагу, почало виходити у нього після концентрації.

Веду все до одного: *інвестиції люблять інформацію.* Чим більше Ви дізнаєтесь про інвестування в певну справу, тим впевненіше будете себе почувати, зробивши капіталовкладення. Тому дотримуйтесь простих правил, які наведу нижче, і отримаєте масу задоволення від інвестування.

1) Використовуйте для початку надійні інвестиції, або більшу частину коштів інвестуйте в консервативні інвестиції.

2) Розподіляйте інвестиції в портфель на декілька частин, незалежно від виду інвестицій:

а) консервативні,

б) середні,

в) агресивні.

3) В середні й агресивні інвестуйте менше половини капіталу.

Наприклад, у вас є енна сума грошей, від неї інвестуйте: 70% - на консервативне інвестування, 20% - на середнє, і 10% - на агресивне. Тому, якщо Ви починаючий інвестор і отримуєте досвід, то після того, як Ви будете готові до більших прибутків із більшим ризиком, можете змінювати розподіл процентів портфелю, змістивши 10% від консервативних інвестицій в агресивні. З власного досвіду підкажу, що агресивними вважаються ті, які приносять понад 90% річних прибутків, середніми - 70% , консервативними - 50%.

4) Дотримуйтесь реінвестування капіталу в будь-якому випадку. Це дозволить примножувати Ваші гроші у швидшому режимі. Багато хто не знає про реінвестування, саме тому коротко опишу, що це таке, щоб ми з Вами пригадали.

Реінвестування - це скеровування доходу від Ваших інвестицій із розділу «Прибуток» в розділ «Інвестиції».

Приклад:

Ви інвестували 30 000 доларів і отримали прибуток у 5% на місяць, тобто1500 доларів. І тепер замість того, щоб знімати всю суму, можна її реінвестувати повністю, або частиною. Залежно від того, наскільки Вам потрібні гроші на даний момент. Якщо Ви вирішили інвестувати всю суму, тоді вже на інвестиційному рахунку будете мати 31 500 доларів, і наступні проценти будуть іти від цієї суми. Це чудовий приклад швидкого накопичення Вашого капіталу, котрий дозволить бути впевненішими у майбутньому. Звісно, в кожного різні ситуації: хтось, крім реінвестування, ще буде залучати капітал, дехто буде знімати прибуток. Головне, що Ви і я нагадали собі про таку можливість приємного примноження грошей.

Підводячи підсумки розділу, ми зрозуміли, що є чітка система формування звичок, які з часом стають відпрацьованими до автоматизму, і дозволяють багато чого контролювати в різних процесах. Звички бувають різноманітними, головне - розрізняти шкідливі звички і корисні.

Якщо розібратись в інвестиційних правилах, то тут також все дуже просто і прозоро, головне працювати сумлінно, і результати не примусять Вас чекати.

Інвестиції з прибутком приносять чудове відчуття задоволення і, звісно, приємний результат, який завжди надихає прагнути ще кращого.

РОЗДІЛ 21

ЗДОРОВ'Я ЯК АКУМУЛЯТОР

Майже всі знають, що таке здоров'я і наскільки воно необхідне у нашому житті. Але, не дивлячись на це, більша частина людей не намагається зберегти його і нехтує ним доти, доки, як кажуть, не припече. Якщо Ви придбали цю книгу, Ви свідомо хочете удосконалитись і продовжувати, або починати, робити перші кроки до власної справи. Я підтримую Вас, і в моїй книзі багато інформації, котра вдовольнить будь-якого читача. Але я також мушу наголосити на здоров'ї. Коли ми цього питання торкалися на семінарах, люди здивовано казали: «А навіщо нам це? Семінар на тему "Самовдосконалення", а ми говоритимемо про здоров'я?» Нам з Вами зрозуміло, що тоді лише цей діамант нашого життя приносить щастя, коли тіло й душа перебувають в гармонії. І знаємо, що працювати над собою і самовдосконалюватись, коли підводить здоров'я - не переконлива мотивація, і гальмує або зупиняє підйом на вершину. Саме тому цей розділ буде присвячений здоров'ю і першим маленьким крокам, що найголовніше, - йому назустріч. Люди, які на семінарах були здивовані, що ми вивчаємо цю тему, врешті-решт занотовували більше за інших. Мені справді було дивно, як ставлення людей до власного здоров'я включає таку захисну реакцію. Тому давайте й ми з Вами не будемо поглиблено торкатися процесів життєдіяльності, а просто розглянемо основи корисності праці над своїм організмом.

Чому розділ називається «**Здоров'я як акумулятор**»? Все дуже просто. Кожен із нас коли-небудь використовував таку собі штучку під назвою акумулятор. І звісно, як він працює, нам також відомо. Експлуатація акумулятора залежить від його початкового виготовлення і від його подальшої експлуатації. Давайте уявімо, що ми придбали новий акумулятор, і у кожного є свій досвід його початкового зарядження. Хтось, щоб він довше працював, спочатку розряджає, а потім заряджає його повністю. Дехто використовує іншу методику, зарядивши його повністю і розрядивши впродовж декількох разів. Ми бачимо, що все просто, методика схожа, просто хтось робить так, а хтось – по-іншому.

У Вас виникає запитання: «Як же заряджаємося та перезаряджаємося ми, люди?» Відповідь дуже проста. Уявімо, що наше здоров'я - це своєрідний акумулятор, який Ви отримали для експлуатації. І щоб ним користуватись, Вам достатньо просто це робити. А що ж робити, коли акумулятор послаблюється? Хоч у більшості людей це питання не виникає і вони чекають до повної розрядки, або ж до мінімуму – «коли вже заболить». Де взяти цей зарядний пристрій?

Невже вони не цінують свого здоров'я? Запитайте тверезу й адекватну людину, чи вона любить своє здоров'я, її вона впевнено відповість: «Звісно що так!»

А коли запитати, що вони роблять для свого здоров'я? Частина починає довго думати і, звісно, відшукає вправи, які вона вважає корисними, або просто утримається від відповіді. Це більшість людей, і думки в них схожі, тому давайте спробуємо виділити погляд на успішних людей, які виступають за гармонійне поєднання здорового тіла і матеріального блага.

Успішні люди чудово розуміють цінність скарбу під назвою «здоров'я». Чому вони так бережуть його? І чи насправді це необхідно робити? Коли я спілкувався з одним мільйонером, який вибудував надзвичайно гарну й високоприбуткову систему на території однієї країни. Він розповідав, що бізнес в нього працює, і це відчуття, що бізнес допомагає людям, давало йому більше задоволення, ніж фінансові потоки, які пливли до нього. Звучить дивно, але, як кажуть, у багатих свої примхи. При спілкуванні з ним я дізнався, що він повністю підтримує і любить здоровий спосіб життя, і може провадити його на якісному рівні завдяки фінансам, які надходять у вигляді пасивного доходу від бізнесу та інвестицій. Я чудово розумів, що ця людина будує своє життя так, щоб гармонійний розподіл фінансової стабільності і здоровий дух у тілі були на одному рівні. І коли я запитав: «Скажи, а що ж для тебе все-таки є пріоритетом?» Він не задумуючись відповів: «Здоров'я». На питання: «Чому?» - він відповів: «Все просто, в мене є формула, котру я використовую в житті, це:

здоров'я + добре самопочуття + самовдосконалення = УСПІХ!.

Звісно, формула, на перший погляд, дуже проста, але він пояснив мені кожен пункт, і я зрозумів, що вона справді важлива для кінцевого результату. Те, що він розповів про кожну складову цієї формули, я зараз і перекажу Вам. Ця інформація й справді дорожча за скарб. Вирішувати, звісно, Вам, любий читачу, що для Вас найважливіше, а для нього найперше – здоров'я.

Під ним він розуміє те, що є основою успіху. Більшість успішних людей насамперед завдячують різним рисам характеру свої успіхи, але все ж будувалось від самого початку з бажанням досягти успіху, і здоров'я для цього дуже важливе. Коли людина себе почуває втомленою і нездоровою, бажання заробляти більше, звісно, присутнє, але, на перший погляд, дуже далеке від реалізації. Він розповів історію про друга свого дитинства, котрий був любителем велосипедного спорту. Брав участь в змаганнях, виступав за школу, за місто. Все було добре, але себе не беріг. Коли його просили вдягати шолом і налікотники, він часто відмовлявся. Для нього це було «некруто», і він заради хизування просто ігнорував ці поради. Він і справді був одним із кращих, вигравав перегони за перегонами. Коли мій друг з ним спілкувався і радив, щоб він не ігнорував захист під час перегонів, бо це небезпечно, та й зберегти здоров'я нічого не коштує, а лікування просто виштовхне його зі світу перегонів, та й потребує грошей. Кажуть, що знання нам приносить досвід. Сталося так, що перегони розпочалися після дощу, і багато велосипедистів, і товариш мільйонера також, впали й травмувалися. Цього разу велосипедист таки одягнув шолом та інші захисні аксесуари, що зменшують ризик при травмуванні. Тому він просто звалився з велосипеду і шоломом проїхався по асфальту. Коли все закінчилось, позбігались люди, а після недовгого обстеження виявилось, що всі живі. Його друг, який упав, піднявся і побіг зразу до велосипеда і, перевіривши, побачив деякі несправності після падіння та злісно відштовхнув велосипед. Він і далі не зрозумів основного: якби не шолом, який йому порекомендував одягнути друг, падіння могло би бути фатальним для нього. Кому насправді було приємно, так це моєму другові-міліонеру; він радів, що все обійшлось так, а не інакше. Велосипед - це річ наживна, а здоров'я — життєвий скарб, без якого всі інші предмети, що роблять нас щасливими і здаються найголовнішими, як гроші, наприклад, відходять на другий план. Люди рідко усвідомлюють важливість здоров'я, і цим ніби виправдовують себе: «У мене і так купа справ, у мене немає часу на це, ось завтра точно щось зроблю». Ці відмовляння від турбот про власне здоров'я надзвичайно банальні та, водночас, спрацьовують як відгородження від оздоровлення.

Ми з Вами розглянули першу частину цієї формули, давайте перейдемо до наступної. ***Добре самопочуття.*** Навіщо це нам? Ще й на другому місці у формулі? Що у ньому такого важливого? Наскільки воно виправдовує себе на шляху до успіху? Мій друг розповідає, що тут все просто. У Вас було таке, що день почався зі стресу? Було таке, коли Ви так втомились, що просто падали з ніг? Було так, що Ви відчували дискомфорт у всьому тілі? Уявіть, що це відчуття Вас спіткало по дорозі до успіху. Уявіть, як важко людині його сприймати адекватно. Багато людей саме через самопочуття здає позиції, або каже, що й справді тут нічого не вийде і всі старання даремні. Що ж примушує нас так думати? Трапляється, що ми пробуємо щось розпочати - і не виходить, і ми знову пробуємо, і знову не виходить. Так що ж робити, щоб усе працювало? Контролюйте самопочуття. Так, саме контролюйте його. Якщо Вам щось не вдається, внутрішній стрес і так дошкуляє, а ще коли себе заганяти в кут словами «це дуже важко, це нереально», то й поготів. Коли організм отримав заряд неприємних емоцій, та ще й на додачу отакі-от думки, то здатись дуже просто. А ось продовжувати розпочате - найважче. Саме тому просто дійте наступним чином. Якщо Ви творите щось і Вам не вдається, скажіть собі слова, які Вас підбадьорять, наприклад: «Ох і багато ж досвіду отримую я від цих невдач, а потім він мені знадобиться для досягнення моєї мети. Як добре, що в мене не вийшло з першого разу - це було б везіння, і я б далеко не зайшов з таким мізерним досвідом». Ось такі (чи схожі) фрази нас стимулюють, адже те, що ми думаємо, робить нас сильними у цій справі, деколи це не помітно, але повірте, головне захотіти використати накопичений досвід, і Ви побачите, що бажання навчить Вас, як дійти до бажаного. В деяких справах я успішно починав лише з 3-го, в інших - з 4-го разу. І це дозволило мені накопичити достатньо досвіду для власної успішності. Так можете робити і Ви, коли відчуваєте себе здоровими і впевненими в перемозі; у Вас буде просто ідеальне самопочуття для просування вперед. Як приклад ми з Вами пригадаємо мого друга Юру. У нього постійно було бажання мати власну справу, і все, що він робив для цього, це протягом року говорив, як буде класно, коли вона у нього буде. Час минав, і він працював на «безпечній» роботі, що приносила статок у його дім. Я бачив у Юрі генератора ідей. З попередніх розділів ми з

Вами зрозуміли, наскільки сильно він хотів досягти успіху. Одно разу йому прийшла ідея відкрити у себе в гаражі автомайстерню і отримувати прибуток від неї. Час минав. Мало того, що час просто поїдав його ідеї, так ще й поява нової інформації про те, як важко будувати такий бізнес, просто вибивала його з колії. На кожній із наших зустрічей він переживав міні-стрес, коли говорив про власну справу. Він не відчував у собі сили щось робити і постійно шукав те, що його могло би зупинити. То якісь справи вдома, то поїздка тощо. Самопочуття його просто спадало, не сприймаючи цього бізнесу. Він не почував себе комфортно, коли говорив про нього. Улюбленою його фразою стала: «Я наберусь досвіду і тоді почну». Коли ж я його питав, де він братиме досвід, то у відповідь чув, що він поїде до друга в інше місто, а той знає, як все робиться. Час минав, а те, що він повинен кудись їхати, зовсім не спонукало його до дії. Він постійно був зайнятим переглядом телевізійних передач та відеоігор. Час минав, і коли його запитували: «Ну що, Юро, набув уже бажаного досвіду, готовий працювати на себе?» - він відповідав: «Поїду пізніше, зараз справ купа». Він просто не відчував у собі сил діяти. Він почував себе комфортно, а вийти із цієї зони комфорту - означає почувати себе нестандартно. А цього боїться не тільки Юра, але й частина людей, котрі живуть з нами на цій планеті.

Давайте розглянемо кроки, які б дозволили Юрі досягнути успішного завершення «розпочатої» справи.

1. Подивитись, для чого йому цей бізнес (для задоволення, для прибутку чи для самоствердження). У будь-якому випадку, коли б відповів на це питання, його мотивація була би більшою.

2. Які кроки потрібно здійснити, щоб створити в автомайстерні належний рівень і можливості.

3. Які витрати потрібні для цього бізнесу, які гроші, які доходи вона буде приносити при середній зайнятості.

4. Яка окупність проекту. Це дозволить чітко побачити, коли гроші, які будуть вкладені в цей проект, повернуться знову в його кишеню.

5. Вирішити, чи це буде активний бізнес, чи додатковий, делегований. Це важливо для того, щоб вирішити питання кадрів і починати відкриті пошуки кандидатів на роботу в свою компанію.

6. Перевірити знову відчуття, починаючи з пункту 1.

Проблемою Юри є те, що не було упорядкованості в цих речах, і дії не відповідали тим, які реально зможуть допомогти. Він шукав тільки проблеми, які може викликати цей бізнес, і дуже маленьку частку складали плюси, які були настільки маленькими, що порівняння їх з проблемами не давало позитивного результату.

Яке може бути самопочуття людини, коли вона отримала стільки негативної інформації про перешкоди у створенні такого бізнесу? Звісно, що воно могло би бути кращим. Надія помирає останньою.

Бездіяльність - це вірус, який руйнує надії.

Любий читачу, завжди давайте собі відповідь на запитання: «Навіщо я це повинен зробити? Що це мені дасть?» Якщо відповіддю буде те, що тоді здійсниться Ваша мрія, Ви зробите все можливе для реалізації проекту. І немає значення, створите Ви великий чи маленький бізнес. Вам по силі будь-який!

Перейдемо до наступної складової – ***самовдосконалення.*** Навіщо воно нам і чи варто задумуватись над тим, щоб кожну годину, кожен день, тиждень самоудосконалюватись і розвиватись? Невже це так необхідно і чому саме третє місце воно посідає у формулі? Чим раніше Ви спробуєте використовувати формулу, тим швидше відчуєте самі те, що там все розставлено по своїх місцях. Тільки досвід і практика дозволять зрозуміти важливість розташування складових саме в такому порядку. Що ж до самовдосконалення, то воно є важливим пріоритетом, і дехто навіть фанатично ставить його на перше місце, оминаючи своє здоров'я. Важко в це повірити чи ні, але коли людина почуває себе не дуже здоровою і некомфортно, виникає запитання, чи хочеться їй в цей момент розвиватись. От пригадайте, коли у Вас була температура, то чи було бажання щось робити саме в цей момент. Звісно, у більшості просто було бажання відлежатись, поспати, дехто не знаходив собі місця. Цей приклад є досить простим, але ефективно демонструє всю важливість здоров'я і хорошого самопочуття, і саме коли ці два складники є в нормі, ми відчуваємо бажання творити і поглинати більше нового.

Мій знайомий розповів чудову історію про двох братів-близнюків, які були схожі за звичками і характерами. Вони росли разом із самого дитинства і звикли спілкувати на теми, цікаві для них обох, і більшість інформації засвоювали від батьків. І засвоювали всі суспільні правила також за допомогою батьків. Батьки завжди бажають нам кращого і турбуються про нас настільки, наскільки встигають. І ось один чудовий день поміняв життя одного з близнюків. Хоча самі вони цього ще не підозрювали.

Був спекотний день, і після прогулянки парком він зайшов купити продуктів і натрапив у магазині на дівчину, котра займалась мережевим маркетингом, запрошуючи людей до невеличкого стенду. Хоча те, що вона робила, його не цікавило. Він просто захотів з нею поговорити. Як хотів, так і зробив. Підійшовши і почавши розмову, він не підозрював, що ця зустріч змінить його життя, та ще й з так його поверне. Пам'ятаєте, ми обговорювали у розділі те, що корисно просто говорити «так»?

Час минав, і все проходило просто і невимушено, у спілкуванні були зацікавлені обидві сторони, лише йому потрібне було просто спілкування, а дівчинці - новий працівник. І ось, обмінявшись контактною інформацією, вони розійшлись, домовившись попередньо про зустріч. Час минав, і відбулася їх довгоочікувана зустріч на семінарі в структурі, де працювала ця молода дівчина. І семінар за семінаром він вивчав частково правила компанії, в якій мав працювати, і отримував частку інформації по самовдосконаленню і мотивації. Як виявилося, домашні його вже не сприймали по-старому, для них він здавався занадто самовпевненим і активним. Був ще брат, який також не міг його зрозуміти, тому що нічого не розумів у досягненні великої мети. І ці, так би мовити, уроки самовдосконалення, які він отримав, дозволяли йому розуміти більше і творити більше. Я б назвав його брата «везунчиком», бо він також відвідав ці семінари і розмови зі своєю консервативно налаштованою до успіху сім'єю переносив легше. Я це все веду до того, що кожна хвилина може відкривати нам очі на шляху втілення наших мрій. І навіть тоді, коли ми цього не підозрюємо.

Останнім і основним у нашій формулі був і є *Успіх*! Це те, заради чого ми творимо все задумане. В поняття успіх у нас входить досягнення мрій та мети, які ми собі формуємо і досягаємо. Комусь потрібно більше часу, комусь менше, а основа залишається. Тому, любий читачу, саме завдяки цим простим навичкам і формулам я перевірив на власному досвіді, що все спрацьовує, та ще й кожен день перспективніший за минулий. Розуміючи це, творіть і аналізуйте кожен ваш крок, і цього достатньо. Успіх прийде до Вас тоді, коли Ви ітимете йому назустріч. Кожна пауза Вас відштовхує, недотримання планових кроків відкидає назад, і деколи настільки, що влитись знову вже надто пізно. Тому бережіть кожну хвилину і інвестуйте її в себе.

Геніальне – просто.

РОЗДІЛ 22

ПРАВИЛА СЛАБАКІВ

Ми багато з Вами розмовляли про те, що корисно брати приклад з інших людей, а саме - з їхнього досвіду. Це так, адже коли вони помиляються, Ви набуваєте досвіду без власних втрат.

Ми не цінуємо те, що до нас приходить легко.

Нам нічого не коштує досвід інших людей, яким би він не був, ми можемо почерпнути багато корисного і, що найцікавіше, безкоштовно. Звісно, ми люди, і нам самим хочеться відчути й пережити певні ситуації для засвоєння того, що ми в команді називаємо «важливий досвід». Чому так важко не повторювати помилки інших? І чому, щоб набути досвіду, повинні все самі пережити? Чи є помилки у сприйнятті досвіду нами всіма? Про це ми поговоримо в цьому розділі.

Мій знайомий у 2008 році розпочав власний бізнес. Був він не в одній ситуації, де потрібно зробити все, хоч із себе вийти, аби залагодити все якомога швидше. Час минав, і справи потроху налагоджувалися. Його досвід суттєво накопичувався. Ми завжди навчаємось тоді, коли щось примушує нас задуматись над тим, що відбувається, і оптимізувати. Бо час - найцінніша річ як для мене, так і для моїх колег.

Колега випробував свій бізнес тиском конкурентів і також налаштував систему, яка приносила йому пасивний дохід. З боку виглядало, що це дуже просто і перспективно. Його брат вирішив піти тією ж стежкою, котру протоптав його брат, і попросив його допомоги, поділитися власним досвідом. Брат братові не відмовив і допоміг, розповів, що є необхідним, і чого потрібно уникати при розвиткові бізнесу. Поради були більш ніж обґрунтовані та надійні. Головне – скористатися братовими порадами і організувати високий рівень продажів. Все починалось чудово - відкривались магазини для збуту, а поради справді давали хороший результат. Досвідчений брат надав багато цінної інформації, яка просто нічого йому не коштувала. Та у 2009 році бізнес зазнав втрат, і це не було випадково. Причиною стало недотримання цих безцінних правил з досвіду брата. Він вирішив, що можна зробити інакше і діяв, як вважав правильним, ігноруючи попередження брата. Як бачимо, в деяких моментах нам треба просто попектись самостійно, щоб в подальшому неухильно дотримуватись тих правил, які були набуті з часом і великою практикою.

Давайте для спрощення по пунктах розберемо переваги використання чужого досвіду.

Запозичений досвід має такі плюси:
1) Економить час. (Ми пам'ятаємо, що він найдорожчий).
2) Дозволяє набути власного досвіду набагато швидше.
3) Дозволяє уникати помилок, які робили інші.
4) Це вигідно.
5) Дозволяє задуматись над діями усередині бізнесу.

Ми це все знаємо, і воно ніби й логічно, але настільки все просто, що чомусь завжди порушуються елементарні правила. Мене на семінарах запитували, чи я притримуюсь цих правил. Я відповідав, що притримуюся. І зауважив, що є ще деякий фактор – моє оточення, люди, котрі зі мною працюють і постійно спілкуються. На жаль, у них не було досвіду, який мені був необхідний, і я стояв перед вибором: рухатися самому чи знайти наставника, який буде допомагати у тій сфері, в котрій я хочу досягти успіху. Рішенням було: знайти наставника і черпати якомога більше необхідної інформації.

Час минав, і все йшло вперед великими кроками (дуже швидко). Те, що отримав від наставника, максимально використовував у власних справах, а досвід у тому, що він не міг мені підказати, я здобував самостійно, пробуючи декілька варіантів.

Одного дня я вирішив прогулятись парком з дружиною. Зустрів людину, котру не бачив тривалий час, і через неї вийшов на іншу людину, котра потім і стала моїм наставником. Це відповідь на запитання із зали на семінарах. Люди бояться спілкуватись з успішнішими за них, бо вважають їх недобрими і самовпевненими. А я щоразу переконуюсь, що люди, які досягли успіху самостійно, до цього звикають, і спілкуються з тими, хто їм приємний, або ж з тими, хто на одній з ними хвилі. Тому, якщо Вам потрібно брати з когось приклад або здобути досвід, знайдіть таку людину, котра досягла успіху і настільки впевнена в своїх справах, що ніколи не зверне з обраного шляху. Тоді Ви отримаєте не тільки досвід, але й енергію цієї людини, - енергію, яка невпинно буде вести Вас уперед. А про наставників ми ще поговоримо детальніше.

РОЗДІЛ 23

НАСТАВНИКИ У НАШОМУ ЖИТТІ

1) Хто такий наставник?

2) Де його взяти?

3) Чи правда, що наставники самі зацікавлені в тому, щоб комусь допомагати?

На ось ці запитання я відповідав неодноразово слухачам, і Вам також розповім. І багато відповідей на інші запитання, що не вмістились би у цьому розділі, я також коротко надам.

Подумайте, як Ви себе почуватимете, коли Ви, не вміючи керувати автомобілем, зразу рушите. І Ви самі в автомобілі, поряд нікого немає. Уявили? І які у Вас відчуття? Якщо Ви вже навчились керувати авто, пригадайте, чи це у Вас вийшло зразу? Чи користувалися порадами людини, яка вже має досвід? Відчуття дуже змішані, а в ці моменти поглинання чогось нового викликає незначний стрес, це притаманне всім. Хвилювання впливає на нас і тримає в полоні доти, доки нами не буде керувати упевненість. Багато людей скажуть щось своє, але це відчуття кожного, а ще коли є свідомий ризик, то й поготів.

Ось так, Ви відчули себе в такому становищі? Ви наодинці з машиною, у Вас в руках ключі, і Вам сказали проїхати з точки А в точку В. Ми домовля-лись, що це буде Ваше найперше за все життя керування автомобілем. Як Ви себе почували в цей момент? Невпевнено? Хотіли все залишити і просто піти? Кожна людина відреагує по-своєму. Але факт в тому, що коли нам допомагає людина, котра є професіоналом у цій справі та ще й знаходиться поруч з нами, відчуття страху різко зменшується. Ми набираємось терпіння і хочемо досягти таких самих результатів, як у цієї людини. Щодо копіювання результатів, то ми цього прагнемо підсвідомо.

А тепер я запитую: «Що для Вас комфортніше – перший чи другий варіант?»

Давайте я переведу це на діяльність людини у власній справі, або ж кар'єрі тощо. Уявімо ситуацію, що людина хоче спробувати відкрити власну справу. Звісно, для початку їй щось треба робити. Це і є перша проблема, коли виникає запитання: «А що мені робити?» Людина чудово розуміє, що вона встановила собі ціль і має бажання діяти, тобто в неї на пріоритетному рівні досить високо розміщене досягнення поставлених цілей. Але відчуття таке, немов ти сам, не маючи жодного досвіду в керуванні автомобілем, виїхав у центр міста, в котрому понад мільйон мешканців. Звісно, допомога - це безцінна річ, але не раджу нею захоплюватися, бо це дозволяє покладатися на неї і в майбутньому. А ось досвід, яким діляться з Вами люди, потрібно черпати якомога більше для створення успішної побудови або реалізації того, що Ви собі запланували.

Висновок простий: якщо Ви хочете діяти, а досвіду у Вас немає, знайдіть людину, котра має значні успіхи в справі, котру Ви обрали, і може стати наставником. А навчитися робити все краще, ніж ця людина – це вже у Ваших руках. Ось ми й розглянули відповідь на запитання «Хто такий наставник? Навіщо він нам потрібний?» Відповідь дуже деталізована й проста для виконання, але майже завжди чомусь здивовано запитують: «Як я його маю знайти? Людина, котру я не знаю, повинна стати моїм наставником? Це ж взагалі нереально». Ось такі коментарі та запитання виникають, і я з ними погоджуюсь, бо знайти таку людину поза колом Вашого спілкування - це потребує деяких зусиль. Але в житті все реально, головне – наскільки сильно ми цього захочемо і за який час заплануємо. Це перевірено практикою і добре спрацьовує.

Ну що ж, давайте зараз я коротко опишу шляхи пошуку людини, котра поділиться з Вами досвідом, і поясню, чому вона це захоче робити.

Займаючись пошуком такої людини, не забудьте про основне: постійно концентруватись на тому, в якій саме сфері Вам потрібна допомога, і відштовхуючись від цього, вести пошук.

Декілька простих рекомендацій.

1) Спробуйте знайти серед знайомих цю людину. Пригадайте, можливо хтось займається саме тим, чим Ви хочете займатись, зателефонуйте до нього і запросіть на зустріч.

2) Пригадайте, можливо хтось Вам розповідав про людину, котра займається схожим видом діяльності.

3) Візьміть телефонну книгу, задумайтесь над кожним контактним телефоном і задавайте собі запитання: «Чи ця людина зможе мені допомогти в задуманому, чи, можливо, її друзі мені допоможуть».

Правила дуже прості й водночас дієві. Одна пані, котра відвідувала семінари, стверджувала, що в неї немає взагалі таких знайомих, які б займались тим, чим хоче займатися вона. Я з нею погодився, адже бувають різні ситуації, і попросив її переглянути абонентів свого телефону. Що вона й зробила. А результат був передбачуваний. Вона знайшла два телефонні номери, за якими довідалася про людей, котрі займалися не просто схожим, а саме тим бізнесом, що припав їй до вподоби. Що ж примусило її пригадати? Звісно, концентрація, - чудова річ, яка дає нам можливість пригадати велику частину того, що з нами відбувалось, а також те, що ми чули чи бачили. Адже коли Ви переглядаєте свій записник, то концентруєтесь на певній людині, і перед Вами немов проходять картини спогадів. Тепер, якщо Вам поталанило, і Ви знайшли телефон знайомого, який цим займається або ж знає таку людину, Ви можете себе привітати: наставник ближче, ніж Ви думаєте. Просто телефонуйте і домовляйтесь про зустріч із знайомим, а потім попросіть, щоб він представив Вас людині, котра Вас, власне, цікавить. Спочатку зустріньтесь утрьох, а після знайомства з наставником знайомий, який Вам у цьому допоміг, може далі займатись своїми справами. Ваша концентрація тепер повинна бути на тій людині, яка зможе Вам допомогти власним досвідом. І хвилюватись, що вона цього не захоче робити, не потрібно. «Чому?» - спитаєте Ви. Відповідь наведу нижче, в окремому розділі. Спробуйте обговорити всі важливі для Вас питання і запитайте, як саме ця людина досягла того, чого хочете досягти й Ви. Якщо буде бажання, спробуйте занотовувати, якщо співрозмовник не проти. Коли Ви поспілкуєтесь, у Вас виникнуть різноманітні емоції, та коли перечитаєте те, що Ви занотували, все видасться зрозумілішим.

РОЗДІЛ 24

ЛЮДЯМ ПОДОБАЄТЬСЯ ДОПОМАГАТИ

Чому ж наставник охоче ділиться інформацією? Для його ж користі: розповідаючи про те, як вона досягала успіху; чи про те, що потрібно робити, людина саме все пригадує собі, а це дозволяє їй ще і ще раз формувати у собі успіх для майбутніх справ. І мені завжди імпонують юні бізнесмени або ті, що амбіційно хочуть знати більше й більше для того, щоб не зливатись із сірою масою, а зуміти вирватись в яскраве, сповнене враженнями життя. Я із задоволенням проводжу семінари і допомагаю таким молодим активним людям, бо вони мають ще достатньо енергії, щоб надихати мене на подальший розвиток. Це немов тандем - коли працюють двоє - тоді рухаються швидше і навантаження зменшується. Саме тому людина, котра досягла успіху, охоче ділиться з кимось, хто її розуміє. Буду відвертим: коли пробую розмовляти з людьми (котрі працюють на певній роботі) на різні теми, які цікавлять мене, то часто бувають прохання не говорити про такі страшні речі, і цього просять навіть ті, котрі працюють у рекламі або з бізнес-клієнтами. Я говорив про розвиток маркетингу в деяких відділах бізнесу. Ця тема дуже проста для мене, але іншими вона сприймається як даремна трата часу. Саме тому я із задоволенням спілкуюсь з людьми, котрі прагнуть щось взнати, охоче допомагаю їм, і стаю наставником тих людей, котрі цього просять, тому що я розумію, що це допоможе мені генерувати нові ідеї. Звісно, що коли людина спілкується з іншою людиною і її не розуміють, це одне з найнеприємніших відчуттів, а коли людина підтримує і надихає працювати (це Вам, напевно, знайоме), то виникає відчуття натхнення і бажання розвиватись.

Ось тому, якщо у Вас до цього був страх чи Ви відчували себе некомфортно щодо нового знайомства або зустрічі, не бійтеся, дійте сміло і шукайте цю людину, порозмовляйте з нею і домовтесь про зустріч. Тут все дуже просто, найголовніше - зупинитись і подумати, хто може стати Вашим наставником. Як дасте відповідь, то проаналізуйте, як можна з цією людиною зустрітись і поговорити.

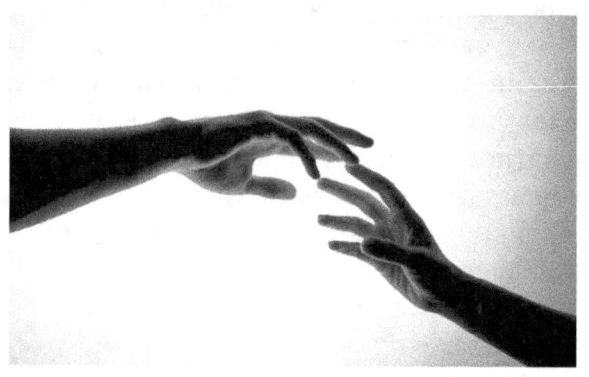

Повірте в те, що Ви робите, і у Вас все вийде

Підведемо підсумки. У багатьох справах просто не обійтись без спрощення ситуацій і удосконалення своєї роботи. У цьому важко розібратись самому, а за допомогою інших людей, а саме наставників, це просто стає задоволенням. Не обійтись і без важкої праці над собою. Багато хто стверджує, що тут спрацьовує психологія кожної людини, адже вона відчуває відповідальність, інші стверджують, що керуємо не ми тілом, а тіло нами в пориваннях до лінощів. Щоб не казали, кожен може досягти того, чого він хоче, і чим більше він працює, тим більше розуміє, що саме потрібно робити, і які звички для цього корисні. Ви генератор енергії, і для того, щоб втілити її, потрібно просто піднятися і діяти. А далі побачите, що все виявиться простішим, ніж Ви думаєте.

Не створюйте обмежень, і їх не буде!

«Це взагалі зробити нереально», - такі слова я чув від людей, котрі говорили про прості у виконанні речі. Під цим вони розуміли, що утримуються від виконання цієї роботи. Простіше сказати, що нереально щось зробити, і тим самим, грубо кажучи, «відмазатись» від входження в цю перспективну, але важку справу. А Ви часто зустрічали людей, котрі відповідали на Ваші пропозиції: «Це важко, це нереально»? Я впевнений більше ніж на 99,9%, що так. А що Ви відчували в цей момент, коли про Вашу ідею, таку потужну, яку тільки можна собі уявити (її можна розробити, перш за все, для міста, потім для країни, а потім і для всього світу), Вам кажуть, що це нереально. Я спробую прочитати Ваші думки. Бажання діяти починає згасати, ця мікропідтримка, котра мала б оживити, також починає згасати, мотивація спадає на лічильнику до мінімальної. Хіба не так Ви починаєте ставитись до цієї справи, котра з'явилась у Вас і викликала надію, але не була погоджена з оточенням? Якщо так, тоді спробуйте радитись тільки з наставником, який досяг успіху і допоможе зробити це Вам.

А якщо Ваша відповідь «ні», тоді це чудово, так тримайте і просто дійте, бо і на шляху можуть з'явитись люди, котрі почнуть говорити, що це не діє. Та коли у Вас буде половина проекту втілена і даватиме бодай якісь прибутки, тоді слова цих людей будуть сприйматись зі сміхом. Щоб створити межу, можна просто сказати: «Це не вийде; це дуже складно, я не впораюсь» тощо. А якщо вживати слова-магніти «я це зроблю запросто», «я зроблю все максимально швидко і легко», «ця справа принесе мені задоволення», коли Ви самі собі даєте відповідь, то побачите, що все насправді дуже просто, і саме так, як Ви бачите, так і буде. Спробуйте не використовувати і не повторювати думки людей, які з Вами не погоджуються і відмовляють Вас від цього. Можливо, вони бояться того, що Ви станете кращими за них? Подумайте над цим.

Ваш світ творять Ваші думки, чужі думки творять чужий світ у Вас.

© Романів Ростислав

Я не один раз чув, що потрібно бути творцем свого щастя (і комфорту), і я тут повністю згодний: ми ковалі свого майбутнього, і потрібно розігрітись до такого стану, щоб ми могли вигинатись, пристосовуючись до будь-якої ситуації, котру дасть нам життя, гнучко і впевнено. Як метал, нагрітий і розплавлений, починає рух, так і ми, коли маємо мотивацію і чудову ідею, поринаємо вперед за успіхом!

Давайте й тут підведемо підсумки, але зробимо це нестандартно. Якщо Ви справді хочете перевірити правильність висновків, тоді давайте зараз відкладемо книгу і спробуємо подумки відтворити останній розділ. Ви залишитесь тільки у виграші. Поки Ви пробуєте, я переходжу до написання наступного розділу.

РОЗДІЛ 25

КОНЦЕНТРАЦІЯ НА КОНЦЕНТРАЦІЇ

Концентрація - це річ, яка просто необхідна в сучасному світ, де багато речей лише заважають нам концентруватися, починаючи з телебачення, газет, віртуального та ігрового світу. Концентрація на своїх справах зараз річ, дорожча за золото, звісно, якщо б вона продавалась на ринку. Хто ж як бачить концентрацію? Це дуже хороше запитання. Двоє колег просто сперечались, і то досить серйозно, один з одним про значення концентрації у житті. Суперечка, на перший погляд, була безглуздою, а цінний досвід принесла усім. Бо, як виявилось, більшість підтримувала одну сторону, а інші - другу. Одні казали, що концентрація не дозволяє робити декілька справ одночасно, інші стверджували, що концентруватись можна на декількох справах. Як і у більшості суперечок, згоди не дійшли і по сьогоднішній день. Тому давайте ми з Вами побачимо, що вона дає і що ж створює, оця сама концентрація.

Назва розділу не просто так складається з двох однакових слів, в ній приховане просте значення закону продуктивності кожного із нас. Можливо, Ви чули, що дві голови краще, ніж одна? Ось так і тут: подвійна концентрація краща за одну.

Ось коротка історія з реального життя. Мій добрий друг Сашко постійно робив концентрацію на речах саморозвитку і фінансової грамоти. Відколи я його знаю, він постійно шукає нові варіанти входу і виходу з прибутком його капіталу. І коли б із ним не говорив, він щораз більше знає про новинки на ринку інформації. Коли він має вільний час, то концентрується на пошуку нового джерела інформації, що в подальшому принесе йому не одну сотню і тисячу пасивного доходу. Завдяки концентрації його фінансовий стан стає міцнішим. Чогось прагнете? Достатньо сконцентруватись на тому, і постійно отримуватимете нову інформацію. Найголовніше - бути відкритими для сприймання та засвоювання інформації.

Історія про човен і катер.

Якщо Вам важко пояснити кроки до успіху своїм близьким чи друзям, то найкраще вигадати якусь історію (або ж казку), бо люди підсвідомо сприймають такі розповіді краще. Коли Вам буде важко у справах, а ще й з боку будуть сипати сіль на рани й радити, щоби Ви зайнялись чимось більш прибутковим, ніколи не здавайте позицію. Простіше пояснити, як це роблю я, чим і поділюся з Вами.

Уявіть, що я пливу в човні, і поряд мої друзі та близькі, і знайомі; звісно, я пливу до мети і бачу її попереду, і вірю, що це реально зробити, яким би не було море. Коли я прямую у човні до мети і веслую сам, а всі просто хаотично ходять і починають критикувати мої дії, я завжди кажу, що є мета, і замість того, щоб просто розкидатися словами, краще допомогти мені веслувати. Чим більше людей будуть підтримувати мене і допомагати, тим швидше я досягну мети. Ті ж, які не бажають продовжувати, можуть спокійно покинути човен і зійти на будь-яку землю, що трапиться першою. І я чудово розумів, що вони зупиняться і перебуватимуть й надалі там, де висіли з човна. Будуть і люди, котрі відмовлятимуть Вас рухатися до мети, бо страх володітиме ними, і покинуть вони човен, та коли побачать, що мета досягнута, що Ви справді досягли запланованого, то знову захочуть бути із Вами. Але це вже їхні проблеми. Тому, щоб не було попереду, Ви рухайтесь, хто ж не хоче - нехай виходить в будь-який момент. Коли досягнете мети, у Вас буде вже не човен з веслами, а катер, який дозволить рухатись швидше і простіше, а ті, що залишилися з Вами, йшли з Вами разом до мети, втілювали її, можуть сміло відпочивати, поки катер сам Вас везе вже до наступної мети. Початок завжди важкий, і багато людей відмовляться плисти із Вами, а чи потім прийняти їх —

вирішувати Вам. Тому пам'ятайте, що можна людям пояснити свої задуми, надаючи їм форми різноманітних історій. Саме так я й робив, коли розпочинав бізнес, так чиню й тепер, коли мій бізнес повністю делегований і прибутковий. Уже 7 років минуло, а перші прибутки, які не виділяв на компанію, були через 1 рік часу. І за цей рік багато людей просто здались і не підтримували мене; скажу відверто, мене це ще більше мотивувало, і тепер багато хто хотів би повернутись, але тепер вирішую я.

Тому будьте впевнені в собі, творіть і досягайте. Якщо буде важко, то Ви на правильному шляху. І тільки Вам вирішувати, хто буде поруч із Вами...

Коли Ви зупиняєтесь, час продовжує збігати.

Дійте, починаючи не завтра, а з цієї хвилини, і Ви подякуєте собі за це в майбутньому.

Висновки

На сторінках, які Ви щойно гортали, зображене життя справжніх, не видуманих, успішних людей, котрі досягли успіху, як це не дивно, самостійно, і починали все з нуля.

Я неодноразово наголошував на тому, що потрібно діяти, і це не просто слова, що гарно й мотиваційно завершують розділ за розділом. Це заклик, який я повторю постійно і рекомендую використовувати його Вам. Виробіть у собі звичку діяти. Дійте творчо і з максимальним натхненням. Слова з одного фільму: «Є мета. Досягни і точка», - дають впевненість в діях. Звісно, Ви маєте хотіти чогось досягти: якщо Ви хочете квартиру за містом в іншій країні, тоді просто складіть план того, що Вас може туди привести (ми це детально розглядали вище) і, по-друге, визначте приблизно час виконання поставленого завдання, а також визначте, що Вам потрібно зробити, щоб досягти мети. Якщо все розписано, а Ви ще не крокуєте до мети, то просто втрачаєте дорогоцінний час, якого у Вас не так вже й багато. Подумайте, чи Ви витрачаєте час на те, що приведе Вас до бажаного? Якою б не була Ваша відповідь, Ви маєте рацію: кожен з нас має встановлені ліміти усередині, ліміти, які встановлюємо самі собі ми. І у кожного своя мрія. Для когось вона - поїздка на Гаваї, а для іншого – придбати острів… Вся різниця лише в мисленні та сприйняті реальності. Тому я просто допоміг Вам засвоїти кроки на шляху досягнення мрії, а Ви вирішуєте, яка це мрія, і що вона Вам дасть. Лише скажу: «Прагніть найбільшого!» Хочете будиночок двоповерховий за містом? Чудово! А якщо пофантазувати, то це буде вілла з басейном із 3-х чи 5-ти поверхів. Важко це зробити? Ні? Тоді Ви зрозуміли закон максималізації. Він дуже простий і надійний, і Ви досягнете своєї мети, якщо будете постійно думати про неї та про ті дії, котрі потрібно виконати для втілення її в життя.

Пам'ятайте: щастя у бездіяльності немає! А що діяльність приносить певні результати, це Ви неодноразово відчували у своєму житті. Пригадуєте, як Ви себе почували у такі моменти?

Ох, це настільки приємне і затишне відчуття, що само-оцінка зростає і самовпевненість підіймається до таких висот, що хочеться потім все більшого й більшого.

Скажіть собі: «Я буду діяти, тому що це важливо для мого успіху, мети тощо.

І повторюйте в моменти, коли дух мотивації впаде, повторюйте, коли Ви на піку успіху, повторюйте це завжди, і Ви побачите, що в будь-якій ситуації Ви все зробите ще краще.

Будьте як метал: тверді, гнучкі, і тільки не заржавійте!

©Романів Ростислав

Для нотаток

Для нотаток

www.ingramcontent.com/pod-product-compliance
Lightning Source LLC
Chambersburg PA
CBHW071513220526
45472CB00003B/1002